이럴 때는 어떻게 말해야 돼?

어떤 패든 어떻게 말해야 돼?

초판 1쇄 발행· 2023년 5월 5일

지은이· 박성재
펴낸이· 이춘원
펴낸곳· 책이있는마을
기 획· 강영길
편 집· 이경미
디자인· 블루
마케팅· 강영길

주 소· 경기도 고양시 일산동구 무궁화로120번길 40-14(정발산동)
전 화· (031) 911-8017
팩 스· (031) 911-8018
이메일· bookvillagekr@hanmail.net
등록일· 2005년 4월 20일
등록번호· 제2014-000024호
© 2023, 책이있는마을

ISBN 978-89-5639-350-6 (03320)

이럴 때는
어떻게
말해야돼?

What should I say in this situation?

박 성 재
지음

인간은 사회적 동물로서 수많은 사람과 더불어 살아가며 언어를 통해 소통한다. 말을 하지 않고서는 정상적으로 살아가기 어렵다. 수행修行을 하거나 어떤 계기로 한동안 말을 하지 않을 수는 있겠지만, 남들에게 자기 생각을 표현하고 전달하고 공감을 이끌어내는 것이 우리의 삶이며, 말은 그를 실현하기 위한 절대적인 생존수단이다.

더욱이 치열한 경쟁시대에 살면서 확실한 자기표현, 돋보이는 자기표현은 존재 가치를 뚜렷하게 해줄 뿐 아니라 자기발전과 성취, 행복을 이루게 하는 필수 요소이다. 따라서 말을 잘해야 자신이 원하는 것을 얻을 수 있으며 남들보다 성공하고 남들보다 잘 산다. 옛말에도 '말 한마디로 천 냥 빚을 갚는다', '말 잘하면 절에 가서도 젓국을 얻어먹는다'고 했다.

그렇다면 어떡해야 말을 잘할 수 있을까? 말이 많은 사람도 있고 말을 잘하는 사람도 있다. 말이 많다고 말을 잘하는 것은 아니다. 말을 잘한다는 것은 상황에 맞는 적절한 말, 꼭 해야 할 말, 진실한 말, 신뢰감을 주는 말을 하는 것이다. 그것도 재미있게 말을 함으로써 듣는 사람들이 귀 기울여 집중하고 몰입할 수 있게 하는 사람이 말을 잘하는 사람이다. 아무리 말을 잘해도 재미가 없으면 듣는 사람이 지루해하거나 산만해져서 바람직한 효과를 기대하기 어렵다.

결과적으로 말을 재미있게 잘하는 사람이 성공하고 잘 산다는 사실이 중요하다. 흔히 말솜씨, 말재주는 타고난다고 한다. 하지만 반드시 그런 것은 아니다. 후천적인 노력으로도 얼마든지 말을 잘하고 재미있게 할 수 있다. 이 책은 재미있게 말할 수 있는 대화법들을 갖가지 사례와 함께 구체적으로 설명하고 있다.

　서점에 가보면 대화와 관련된 책들이 어지간히 많다. 물론 모두 바람직하고 효과적인 대화에 도움을 주는 내용들이다. 그러나 대부분 대화의 원칙론이나 기본 상식에 치우쳐 일상생활에 얼마나 도움이 될지, 아쉽고 안타까운 마음이 드는 것도 사실이다. 이것이 이 책을 집필한 의도이기도 하다

　이 책은 재미있게 말을 잘할 수 있는 대화법과 함께, 일상에서 경험하는 다양한 경우와 상황에 맞는 실질적이고 실용적인 대화의 요령과 기술들을 빠짐없이 소개하려고 노력했다.

　각박한 시대 상황 때문인지 갈수록 말이 거칠어지고 도발적으로 변해가고 있다. 욕설과 막말이 난무하고 온갖 자조적인 비속어와 은어, 줄임말, 유행어들이 쏟아지고 있다. 자신의 주장만을 고집하며 나는 무조건 옳다는 독선과 이기주의가 소통을 가로막고 있다.

　아무쪼록 이 책이 대화의 목적인 소통과 공감을 도모하

고, 자기 자신보다 상대방을 존중하고 배려하는 올바르고 바람직한 대화, 긍정적인 대화들로 가득한 사회를 만드는 데 조금이라도 기여하기 바라는 마음 간절하다.

박성재

**Part 2 말솜씨는
말하기 나름이다**

Part 3

이럴 때는 어떻게 말해야 돼?

Part 4

대화의
주인공은
내가 아니라
상대방이다

Part 1

재미있는 말로
호감을 사라

가는 말이
거칠어야

오는 말이
곱다?

우리는 일찍부터 '가는 말이 고와야 오는 말이 곱다'라는 속담을 귀가 닳도록 들어왔다. 맞는 말이다. 내가 품위 있는 말, 고운 말, 겸손한 말, 공손한 말을 하면 상대방도 그에 따라 부드럽게 대꾸한다. 그러면 여간해서 서로 다툴 일이 없다. 그런데 언제부턴가 우리 사회에서 '가는 말이 거칠어야 오는 말이 곱다'라는 다소 풍자적인 말이 유행하고 있다. 도대체 왜? 어쩌다가 그러한 역설적이고 이치에 어긋나는 말이 유행하게 됐을까?

동물의 세계는 약육강식의 세계다. 강한 동물이 약한 동물을 먹잇감으로 삼고, 같은 무리 안에서도 서열이 있다. 힘이 세고 몸집이 큰 놈이 자기보다 약한 놈들 위에 군림하며 무리를 지배한다. 그러한 힘과 몸집 크기에 따라 저절로 서열이 정해진다.

인간세계에는 이러한 약육강식의 법칙은 원칙적으로 존재하지 않는다. 인간은 지능이 뛰어나기 때문에 힘보다 지능이 우선한다. 지능으로 법과 질서, 제도, 윤리, 도덕 따위를 만들어 스스로 부당한 행위를 통제한다. 사고방식과 행동방식에 따라 선과 악, 불의와 정의를 구분해서 악과 불의가 활개치지 못하도록 강력하게 통제한다.

하지만 반드시 인간사 모든 것에 지능이 우선하고, 인간들이 구축해놓은 온갖 시스템과 장치들이 제 역할과 기능을 발휘하는 것은 아니다. 아무리 통제하고 비난해도 우리 사회에는 악과 불의가 넘쳐난다. 권력과 부는 그 어느 것보다 높은 위치에 군림하며 동물의 세계처럼 약육강식의 횡포를 얼마든지 자행한다. 권력과 부는 동물 세계의 힘과 몸집 크기와 조금도 다를 바가 없다.

그리하여 아주 많은 인간들이 권력과 부를 거머쥐는 것을 행복으로 알고 집요하게 추구한다. 아주 많은 인간들이 권력과 부를 삶의 목표로 삼고 똑같은 코스로 달려가니 마치 육상경기처럼 경쟁이 불가피하다. 이기는 자는 살아남아 권력과 부에 다가가고, 지는 자는 도태될 수밖에 없다.

이런 사람들은 남들을 물리치고 오직 이기기 위해 온힘을 쏟는다. 수단과 방법 따위는 그들에게 문제가 되지 않는다. '모로 가도 서울만 가면 된다'는 옛말이 있듯이 악이든 불의든 무슨 수단을 동원해서라도 이기려고 한다.

치열한 경쟁은 이미 유치원 때부터 시작된다. 자녀를 좋은 유치원에 보내기 위한 엄마의 대리 경쟁, 초등학생 때부터 시작되는 학업 경쟁은 대학입시 경쟁에서 절정을 이룬다. 이어서 취업 경쟁, 승진 경쟁······. 경쟁은 거의 평생 동안 이어진다. 죽어서 저승에 먼저 가려는 경쟁만 없을 뿐이다.

'가는 말이 거칠어야 오는 말이 곱다'도 이런 치열한 경쟁에서 나온 자조적인 생존 기술이라고 할 수 있다. 어떡하든 내가 이기기 위해서는 목청을 높이고 말이 거칠어야 상대방이 위축되고 기가 죽어 고분고분해진다. 그러나 가는 말이 거칠어야 한다는 역설이 결코 진리가 될 수는 없다. 하나는 알고 둘은 모르는 냉소적인 넋두리일 뿐이다. 수단과 방법을 가리지 않고 이기려고 하는 것은 나 혼자만이 아니다. 상대방도 절대 지려고 하지 않는다.

따라서 내가 거칠게 나오면 상대방도 당연히 거칠게 맞선다. 필연적으로 거친 말다툼에 욕설이 오가고 마침내 대립과 충돌을 피할 수 없게 되고, 때로는 주먹을 휘두르기도 한다. 그런 상황에서는 누구라도 자신이 원하는 것을 얻을 수 없다.

대화는 혼자 하는 것이 아니다. 대화에는 반드시 상대방이 있기 마련이다. 내가 고운 말, 겸손한 말을 해야 상대방도 그것에 맞춰 말을 한다. 생존경쟁이 갈수록 더욱 치열해지고 세상이 아무리 바뀌어도 '가는 말이 고와야 오는 말이 곱다'는 영원한 진리다.

목소리
큰 사람이
이긴다?

국회의원은 상당한 신분과 지위를 인정받고 막강한 권력과 영향력을 지닌 정치인이다. 그들이 하는 말과 행동은 온갖 보도매체들을 통해 국민들에게 알려진다. 하지만 잘 알다시피 그들은 국민들로부터 지탄을 받으며 불신과 혐오의 대상이 되기도 한다. 말과 행동이 다르고 거짓말을 밥 먹듯이 하며 개인적인 이익과 당리당략에 매달려 국회를 난장판, 싸움터로 만들고 있기 때문이다.

국정감사도 예외가 아니다. 막말과 고성이 쏟아지고 반말이 난무한다. 날카로운 판단과 비판, 합리적이고 논리적인 지적과 질문은 사라지고 여야가 서로 잡아먹을 듯이 말싸움에 여념이 없다. 그야말로 '목소리 큰 사람이 이긴다'는 황당한 넋두리가 통용되고 있는 국회다.

'목소리 큰 사람이 이긴다'는 자학적이고 황당한 궤변은 국회뿐 아니라 우리 사회에서도 당연하다는 듯이 통용되고 있는 것이 현실이다. 왜 그런 비논리적이고 당위성이나 정당성이 전혀 없는 그릇된 인식이 우리 사회를 지배하고 있는 것일까?

우리가 하는 말의 높낮이는 상황에 따라 달라진다. 물론 저마다 목소리와 성량에 차이가 있어서 일상적으로 주고받는 말도 높고 굵은 목소리가 있는가 하면 낮고 가는 목소리도 있고 쉰 목소리, 카랑카랑한 목소리, 귓속말, 속삭임도 있다.

하지만 실내에서 하는 말과 갖가지 소음이 가득한 실외에서 하는 말의 높낮이가 다르고, 두 사람이 대화를 할 때와 많은 사람들 앞에서 이야기할 때가 서로 다르다. 말의 목적은 자신의 의사를 상대방에게 전달하는 것이기 때문에 좀 더 효과적으로 전달하려면 높낮이가 달라질 수밖에 없다.

이러한 여러 경우와 상관없이 무조건 목청을 높여 고함치듯 큰 소리로 말하는 행태는 몇 가지 이유에서 비롯된다. 예컨대 잘잘못을 가리지 않고 상대방을 무작정 제압하려고 할 때, 몹시 화가 났을 때, 시비와 말다툼이 벌어졌을 때, 심하게 상대방을 질책하고 추궁할 때 등이다.

그리고 또 한 가지, 결코 지나칠 수 없는 '목소리 큰 사람이 이긴다'가 통용되는 비합리적이고 부적절한 경우가 있다. 민주주의에는 다수결의 원칙이 있다. 어떤 사안에 대해 대다수의 국민이나 구성원들이 찬성하는 방향을 선택해야 한다는 원칙이 다수결의 원칙이다.

그런데 어떤 의미 있는 사안을 놓고 구성원들 사이에 찬반논쟁이 벌어졌을 때 유감스럽게도 목소리 큰 사람이 이기는 경우가 아주 많다. 이를테면 찬성하는 지지자들이 많아 반대하는 쪽이 불리할 때 집단시위 등의 물리적 행동을 동원하고, 온라인에 적극적이고 지속적으로 댓글 공세를 펼치며 목청을 높인다. 그리하여 찬성하는 대다수는 '침묵하는 다수'가 되어 묻혀버리고 반대하는 극소수가 오히려 다수의 여론으로 왜곡되는 것이다. 민주사회에서 목소리 큰 사람이 이긴다는 비합리적인 궤변이 통용되는 전형적인 경우라고 할 수 있다.

일상에서도 그런 경우가 적지 않다. 이를테면 자동차 접촉사고가 났을 때는 어느 쪽에 과실이 있는지 논리적인 대화로 가려내고 과실이 있는 쪽에서 그에 대한 책임을 지기로 하면 상황은 끝난다. 아니면 교통경찰관이나 보험 관계자를 불러 그들에게 잘잘못을 가리게 하면 된다.

그런데 실제로는 그렇지 않은 경우가 대부분이다. 다짜고짜 큰 목소리로 상대방을 몰아붙인다. "당신 운전 초보야?", "그 따위 운전 어디서 배웠어?", "당신 운전면허는 있어?", "당신이 깜빡이도 안 켜고 끼어들었잖아?", "당신 교통법규 몰라? 당신 우리나라 사람 맞아?"

이런 식으로 서로 목청 높여 말싸움을 벌이다가 약간 궁지에 몰린 쪽이 으레 하는 말이 "그런데 왜 반말이야?"이다. 그러면 "당신 몇 살이야?" 하고 맞붙어 접촉사고의 책임 소재를 가리는 본질은 자취를 감추고 나이, 반말에 대한 다툼으로 엉뚱하게 변질된다. 도무지 상황에 맞지 않고 비합리적이다.

그러니 '목소리 큰 사람이 이긴다'는 말은 터무니없는 궤변이다. 큰 소리로 말해서 상대방을 이기는 것이 아니라 막말, 욕설, 억지, 우격다짐으로 제 주장만 떠들어대니까 상대방이 정상적인 대화를 포기하고 회피하는 것이다.

다짜고짜 타당성 없이 목청을 높이는 사람과는 되도록 대화를 피하는 것이 상책이다. 그의 말을 다 듣지도 않고 피하면 더욱 화를 내므로 그가 목청 높여 쏟아놓는 말을 다 듣고 나서, 알아듣고 이해했다는 듯이 웬만하면 수용하고 한 발 물러서는 것이 좋다. 맞섰다가는 뜻하지 않게 피해를 보기 쉽다.

어떻게
말해야

재미있을까

"젊으면 뭐하나? 사는 재미가 없어."

"도무지 재미가 없어서 못 살겠다."

"뭐, 재미있는 일 없을까?"

일상생활에서 흔히 하고 흔히 듣는 말이다. 재미? 재미있다는 게 뭘까? 사전적 의미로는 '아기자기하게 즐거운 기분이나 느낌'이라는 뜻이다. 또는 '수입이 좋은 일', '좋은 성과나 보람'도 '재미있다', '재미 봤다'는 표현을 쓴다.

만족스러움을 나타내는 우리말 표현은 여러 가지가 있다. 이를테면 재미있다, 즐겁다, 기분 좋다, 기쁘다, 신난다, 반갑다 등 다양하다. 이들을 통틀어 재미있다고 표현하는 경우도 있지만 반드시 그렇지는 않다. 서로 약간의 차이가 있다. 오래간만에 아주 가까운 친구를 만나면 반갑기는 하지만 재미있다고 표현할 수는 없다.

지금 우리가 살펴보고 있는 것은 대화의 기술과 요령이다. 대화도 재미가 있어야 원만하게 좋은 분위기를 이어갈 수 있다. 대화를 재미있게 하려면 재미있게 말하는 사람이 있어야 한다. 그 사람이 나일 수도 있고 상대방일 수도 있고 또는 함께 대화하는 사람들 가운데 누군가일 수도 있다. 어찌 되었든 어떻게 말해야 재미있을까.

공식이나 법칙처럼 정해진 것은 아니지만, 일반적으로 재미있게 말하려면 다음 몇 가지 능력이 있어야 한다. 말솜씨, 지식과 정보, 순발력, 유머와 재치, 시대감각 등이 그것이다.

재미있게 말하려면 무엇보다 먼저 말솜씨가 있어야 한다. 말투가 어눌하거나 말수가 적은 사람이 재미있게 말하기는 어렵다. 흔히 말솜씨는 선천적으로 타고난다고 말하지만 노력으로도 얼마든지 향상시킬 수 있다. 그러려면 지식과 정보가 풍부해야 한다. 다시 말해서 아는 것이 많아야 말도 잘한다. 지식과 정보는 노력으로 얼마든지 획득할 수 있다. 책을 많이 읽고 신문이나 인터넷을 충분히 활용하여 꾸준히 공부하면 남들보다 풍부한 지식과 정보를 얻을 수 있다.

순발력도 타고난다. 선천적으로 반응이 빠른 사람이 있는가 하면 더딘 사람도 있다. 하지만 스포츠 선수들의 순발력을 키워주는 운동신경도 꾸준한 훈련으로 향상시킬 수 있듯이 대화의 순발력도 꾸준한 노력으로 얼마든지 개선할 수 있다. 이를테면 혼자 있을 때 그날 다른 사람들과 나누었던 대화를 되새겨보며 미흡했던 부분을 찾아내 끊임없이 반추해보면 순발력을 키울 수 있다.

유머와 재치도 타고나는 재능이지만 지식과 경험이 풍부할수록 자기도 모르게 입에서 나온다. 아는 것이 많아야 유머도 가능하고 재치도 가능하다.

시대감각은 매우 중요하다. 젊은 세대들이 기성세대와 대화를 꺼리는 것은 서로 시대감각이 맞지 않기 때문이다. 상대방을 억지로 웃기려고 낡은 유머, 이른바 '아재 개그' 따위를 꺼내놓으면 오히려 역효과다. 자신의 감각이 낡았다는 것을 드러낼 뿐이다. 그 무렵의 사회적 이슈, 트렌드, 시사용어, 유행어, 나아가 은어나 속어, 줄임말 따위도 어느 정도 알고 있어야 재미있게 이야기기할 수 있다.

작가다운 능력을 갖추면 더욱 좋다. 작가다운 능력이란 소설가들처럼 이야기를 끌고 가는 역량이다. 대화하면서 끊임없이 궁금증과 호기심을 자극해야 한다. 듣는 사람이 궁금증과 호기심이 생기면 자연스럽게 그 이야기에 빠져든다. 재미있기 때문이다. 웃음을 자아내는 것만이 재미는 아니라는 말이다. 재미있게 본 영화나 드라마를 생각해보라. 궁금증과 호기심을 일으켜 관객과 시청자들을 몰입하게 만든다.

가장 좋은 예의 하나가 설화집 《아라비안나이트》이다. 흔히 '천일야화'라고도 하는데 중동 지역의 전설과 설화 등을 모아놓은 책이다. 우리가 잘 아는 〈신드바드의 모험〉을 비롯하여 〈알리바바와 40인의 도적〉 〈알라딘과 요술 램프〉 등 약 250편의 이야기로 이루어져 있다. 원본이 여럿 있는데 서로 약간의 차이가 있다.

이 책의 설정이 매우 재미있다. 고대 페르시아의 한 왕비가 흑인 노예와 불륜을 저질렀다. 이 사실을 알게 된 왕은 왕비를 처형하고, 그에 대한 복수로 매일 밤 아름다운 처녀를 한 명씩 불러들여 성관계를 갖고 죽여버린다. 페르시아의 모든 젊은 여성들이 공포에 떠는 가운데 어느 날 밤 명망 있는 귀족의 어여쁜 딸이 호출된다.

그녀는 왕의 침실에서 성관계를 갖기 전에 재미있는 이야기를 들려주었다. 그런데 그 이야기가 어찌나 재미있는지 왕이 완전히 빠져들어 무려 1001일, 거의 3년 동안 밤마다 그녀에게 이야기를 계속하라고 재촉했다. 그녀의 재능과 지식에 크게 탄복한 왕은 마침내 그녀를 왕비로 삼아 행복하게 잘 살았다는 이야기다. 이것이 궁금증과 호기심이 주는 놀라운 재미다.

이처럼 말하는 사람이 듣는 사람으로 하여금 자신의 말에 빠져들게 하면 재미있는 것이다. 그러자면 말에 짜임새가 있고, 이어지는 말에 궁금증을 갖게 만들어야 한다.

웃고

자빠졌네

　'묘비명'은 무덤 앞에 세우는 비석에 죽은 사람의 이름, 신분, 행적 등을 새긴 글이다. 묘비에는 이러한 인적사항 외에 죽은 이가 남긴 유언이나 일생을 상징하는 글을 새기기도 한다.

　명사들이 남긴 묘비명을 살펴보자. 노벨문학상을 수상한 아일랜드 출신의 영국 극작가이자 비평가로 독설로도 유명했던 조지 버나드 쇼는 "우물쭈물하다가 이렇게 될 줄 알았다."라는 묘비명을 남겼다. 미국 작가 어니스트 헤밍웨이는 "일어나지 못해 미안하오."를, 프랑스 작가 스탕달은 "나는 모든 것을 갖고자 했지만 결국 아무것도 갖지 못했다."라는 묘비명을 남겼다.

우리나라의 천상병 시인은 "나 하늘로 돌아가리라. 아름다운 이 세상 소풍 끝내는 날, 가서 아름다웠다고 말하리라."라는 묘비명을, 걸레스님으로 널리 알려졌던 중광 스님은 "괜히 왔다 간다."는 묘비명을 남겼다. 가수 조영남은 미리 남긴 유서에서 "잘 놀다 갑니다."라는 묘비명을 남기고 싶다고 했다. 조영남뿐 아니라 "잘 놀다 간다."라는 묘비명을 남긴 다른 사람들도 있다.

하지만 내가 생각하는 가장 걸작의 묘비명은 아직 왕성한 활동을 하고 있는 개그우먼 김미화가 미리 결정했다는 "웃기고 자빠졌네."다. 남을 웃기는 개그우먼으로 한 세상을 살았으니까 '웃기고'가 충분히 들어갈 만하고, 죽어서 누워 있으니까 '자빠졌네'도 매우 타당한 말이다. 이렇게 논리적으로 따지지 않더라도 우리에게 익숙한 '웃기고 자빠졌네'라는 말 자체가 웃긴다.

물론 여기서 묘비명에 대한 이야기를 하려는 것은 아니다. '웃기고 자빠졌네'는 우리가 대화에서 흔히 쓰는 말이다. 서로 흉허물 없는 친구 사이나 친근한 아랫사람, 자기보다 연하의 사람이 엉뚱한 말을 했을 때 농담처럼 "웃기고 자빠졌네." 하며 핀잔을 준다. 그런데 가까운 친구나 동료, 남녀가 함께 어울리는 모임 등에서는 웃기고 자빠지는 인물이 필요하다. '웃기고 자빠졌네'도 엄연한 대화의 기술이다.

자리를 같이 한 이들끼리 개인적인 질문도 주고받고, 참석하지 못한 친구나 동료에 대한 이야기도 나오고, 지금 하고 있는 일과 관련된 이야기도 오고 간다. 젊은 사람들은 이성교제나 결혼 등에 대한 생각을 털어놓기도 한다.

이처럼 일상사와 밀접한 대화가 어느 정도 정리되고 나면 잠시 공백이 있다가 느닷없이 우리 사회와 현실적인 관심사들이 튀어나온다. 취업·전직·실직·부채·주택 문제 등에 대한 이야기가 나오고, 정치·경제, 나아가 핵실험을 비롯한 북한 관련 이야기가 불쑥불쑥 튀어나온다. 이런 대화는 대체적으로 부정적인 분위기가 지배한다.

그렇더라도 거리감이 없는 가까운 사이니까 별문제가 없다. 하지만 아무리 가까운 사이라도 저마다 성격과 성향과 취향이 다르고 어떤 사안에 대한 인식과 감정도 다르다. 또한 긍정적이고 낙관적인 성격의 친구가 있는가 하면 부정적이고 비관적인 친구도 있다.

서로 부담이 없고 허물없는 사이니까 상대방에 대한 배려 없이 저마다 자신의 견해와 주장을 강하게 내세우게 된다. 그 과정에서 논쟁이 벌어지면서 말다툼이 격해져 서로 충돌하고 대립하고 시비가 붙고 분위기가 험악해진다. 욕설이 오가는가 하면 주먹다짐과 흉기를 휘두르는 경우도 발생한다. 혹시 술을 마셨다면 감정 조절이 안 되기 때문에 더욱 그러하다.

의도한 것은 아니지만 서로 자기 견해와 주장을 고집하다가 분위기가 험악해지는 것은 대개 참석자 가운데 두 명이 격렬하게 맞서는 데서 비롯된다. 이들은 어떤 주제를 놓고 견해차를 보이며 자기주장을 굽히지 않고 맞서다가 말투가 거칠어지고 욕설을 해대며 개인적인 감정까지 드러내면서 분위기를 험악하게 만든다. 참석자들은 어느 한쪽의 견해를 지지하고 옹호하며 양쪽으로 나뉘어 맞서기도 한다.

참석자 중 누군가는 "그만 해!" 하고 고함을 지르기도 하고 양쪽을 모두 꾸짖기도 한다. 또 누군가는 열심히 양쪽을 말리고 달래기도 한다. 하지만 두 사람이 워낙 극단적으로 맞서고 있으면 별로 긍정적인 효과를 얻지 못한다. 결국 가까운 친구나 동료끼리 친목을 다지는 모임이 불쾌하게 끝나 버린다.

이럴 때 누군가 분위기를 추슬러야 한다. 이럴 때 누군가 '웃기고 자빠졌네'라는 말을 할 수 있어야 한다. 당신이 그런 역할을 맡아도 좋다. 극단적인 대립으로 분위기가 험악해지면 늦는다. 그럴 기미가 보일 때 개입해서 점점 험악해지는 분위기를 미리 막아야 한다. 그러자면 대립하고 있는 당사자들은 물론 참석자들을 웃겨야 분위기를 바꿀 수 있다.

웃긴다고 해서 썰렁한 개그나 코미디, 인터넷 유머 따위를 소개하라는 것이 아니다. 먼저 대립하는 당사자들과 관련 있는 재미난 추억이나 일화나 행동 등을 농담하듯 자연스럽게 꺼내는 것이다.

"저 자식들, 별것도 아닌 걸 가지고 저렇게 싸워도 대학 때는 서로 붙어 살았어. 단짝이었잖아? 우리들은 둘이 동성애하는 줄 알았다니까."

"저 자식들, 과거에도 피 터지게 싸웠지. 예쁜 여학생 하

나를 놓고 서로 결사적으로 싸웠는데 아무도 차지하지 못
했어."

이와 같은 일화를 농담처럼 재미있게 꺼내놓으면 화제가
바뀌면서 분위기도 바뀐다.

남녀가 함께 어울리는 만남에서도 누군가 웃기고 자빠지
는 사람이 필요하다. 남녀의 모임은 분위기가 어색하고 공통
의 화제도 마땅치 않은 경우가 많다. 약간 긴장하게 되고 말
조심을 하느라 서로 얼굴만 쳐다볼 뿐 한동안 침묵이 흐르
기도 한다.

그럴 때 누군가 재미있는 말을 꺼내야 웃음도 터져 나오
고 경직된 분위기도 풀린다. 웃음이 나와야 말문도 자연스럽
게 열린다. 웃음이야말로 기분을 좋게 하고 흥겨움을 돋우
는 명약이다.

■ 나는 모든 것을 갖고자 했지만 결국 아무것도 갖지 못했다.

– 프랑스의 소설가 모파상

■ 빈손으로 왔다가 빈손으로 가노라.   – 프랑스의 시인 라퐁텐

■ 일어나지 못해 미안하다.   – 미국의 소설가 헤밍웨이

■ 인생이란 낯선 여인숙에서의 하룻밤과 같다.   – 테레사 수녀

■ 자신보다 현명한 사람들을 주위에 모으는 방법을 알고 있는 사람, 여기 잠들다.   – 미국의 억만장자 카네기

■ 모든 일을 남을 위해 했을 뿐, 그 자신을 위해서는 아무것도 하지 않았다.   – 스위스의 교육학자 페스탈로치

홍도야

웃지 마라

〈홍도야 우지 마라〉라는 오래된 대중가요가 있다. 〈울며 넘는 박달재〉 역시 무척 오래된 대중가요이다. 중장년 이상은 모르는 사람이 없을 만큼 오래도록 불리고 있는 유명한 노래들이다. '울음'이 노래의 중요 코드이다. 널리 알려진 〈돌아와요 부산항에〉도 "꽃피는 동백섬에 봄이 왔건만 형제 떠난 부산항에 갈매기만 슬피 우네."로 시작한다. 이처럼 서민들이 즐겨 부르는 우리 대중가요 중에는 '울음'의 정서를 담은 노래가 헤아릴 수 없이 많다.

왜 그럴까? 울음과 슬픔이 그만큼 우리 정서에 녹아 있기 때문이다. 눈물을 흘리며 소리 내어 통곡하고 흐느끼는 것만 울음이 아니다. 소리 없이 가슴으로 우는 것도 울음이다. 우리 민족의 대표적인 정서인 한恨이 바로 그것이다. 쌓이고 쌓인 한으로 수천 년을 살아온 우리 민족이다. 한은 곧 울음과 슬픔이 되고, 울어야만 조금이라도 응어리진 마음이 풀어진다.

이처럼 우리나라 사람들은 울음과 친숙하고 누구나 쉽게 울지만 상대적으로 웃음에 무척 인색하다. 역사적으로 슬픈 일을 많이 겪다 보니 웃을 일이 그만큼 없었던 이유도 있지만 전통적인 유교문화도 한몫한다. 체면과 예의범절을 중요시하는 유교문화에서는 근엄하고 예의바르고 점잖은 사람을 인격적으로 존중했다.

그런 문화에서 웃음은 대접받지 못했다. 소리 내어 깔깔대며 웃고, 큰 소리로 떠드는 것은 천박하고 비천한 인간들이나 할 짓이었다. 특히 좀처럼 집 밖으로 나갈 기회가 없어 집 안에만 있던 여자들의 웃음소리가 담장을 넘어가면 정숙하지 못하다며 비난을 받았다. 그만큼 웃음을 절제하도록 강요받았다. 그야말로 '홍도야 우지 마라'가 아니라 '홍도야 웃지 마라'였다.

다행히 1970년대에 들어 눈부신 산업 발전을 이룩하면서 국민들이 숙명으로 여겼던 '한'에서 많이 벗어났지만, 여전히 웃음보다 울음이 더 익숙했던 시대인지라 방송사에서도 〈웃으면 복이 와요〉, 〈웃으며 삽시다〉와 같은 코미디 프로그램을 만들어 웃음을 유도했다. 그에 따라 구봉서, 배삼룡, 서영춘 등의 코미디언들이 각광을 받았다.

그러나 오늘날은 다르다. 특히 비교적 경제적으로 여유가 있는 가정에서 성장한 요즘 젊은 세대는 밝고 명랑하며 자신감에 넘쳐 있다. 경기 침체가 지속되면서 취업이 어려워 3포 세대, 5포 세대, N포 세대라는 자조적인 정서가 만연할 정도로 큰 고통을 겪고 있지만 본질적으로 밝고 적극적이다. 그만큼 울음보다 웃음이 훨씬 더 많다.

웃음이 넘치는 사회는 건강하다. 가정에 웃음꽃이 피고 학교와 직장에 웃음이 넘쳐나고 거리에 가득한 사람들이 모두 밝은 표정으로 웃으며 걷는다면 그 사회는 아무런 문제가 없는 사회다. 웃음은 스트레스를 없애주고 건강에도 매우 좋다. 의도적이라도 크게 웃는 운동이 인기를 끄는 것도 그런 이유 때문이다.

우리의 민족성에는 '한'과 함께 '흥興'도 있다. '흥'은 흥겨움, 신바람이다. 우리는 흥이 나면 자기 능력을 넘어서는 놀라운 성과를 내는 민족이다. 오늘날 음악, 영화, 드라마 등으로 전 세계에 K-컬처 바람을 일으키고 있는 것도 흥이 나면 무엇이든 더한층 잘하기 때문이다.

대화도 마찬가지다. 진지하거나 충격적이거나 슬픈 상황이 아니라면, 만나는 사람과 항상 웃는 얼굴로 대화할 때 원만하고 효과적인 대화가 이루어진다. 그리하여 자신이 원하는 것도 얻을 수 있는 것이다.

대화를 할 때 웃음이 사라지지 않으려면 무엇보다 주고받는 이야기가 재미있어야 한다. 그러면 어떻게 이야기해야 재미가 있을까? 재미있는 이야기는 소설처럼 억지로 꾸며내는 것이 아니다. 친구들 가운데도 누구보다 재미있게 이야기하는 사람이 있을 것이다. 그가 어떻게 이야기하는지 잘 살펴보라.

약간의 과장이 있을 수도 있지만, 재미있게 말하는 사람은 듣는 이로 하여금 호기심과 궁금증을 자아낸다. 이런 사람들은 무엇보다도 성격이 긍정적이고 낙관적이다.

말하는 사람이나 듣는 사람이나 분노, 울분, 강박관념 따위의 불안한 감정을 갖고 있으면 충동 조절이 어려워 느닷없이 좋은 대화 분위기를 경직시킬 수 있다. 말하는 사람과 듣는 사람 모두 마음의 여유가 있어야 자연스럽게 웃음도 나오고 재미를 느낄 수 있다.

섣불리
웃기다가는

비웃음
산다

여럿이 함께 어울리는 모임은 왁자지껄하고 웃음소리가 끊이지 않는다. 할 이야기도 많을 뿐 아니라 서로 재미있게 이야기하기 때문이다. 웃음이 끊이지 않는 만남은 분위기가 화기애애한 즐거운 만남이며 헤어질 때까지 걱정할 만한 일은 벌어지지 않는다.

'재미'에는 여러 가지 요소가 있지만 웃음이 단연코 1순위일 것이다. 흔히 보는 TV의 개그 프로그램은 말할 것도 없고 갖가지 예능 프로그램, 교양 프로그램 할 것 없이, 뉴스를 제외하면 거의 모두 시청자들에게 재미를 주려는 것이 목표라고 할 수 있다. 당연히 출연자들도 재미있게 말하려고 노력한다.

비즈니스와 관련된 만남, 진지한 회의, 신분이나 나이 차이가 있는 만남 등은 분위기보다 뚜렷한 목적이 있기 때문에 소리 내어 웃을 분위기는 아니다. 하지만 거리감이 없는 친구나 동료들과 친목 도모를 위한 만남에서는 웃음이 이어져야 즐겁다. 평소에 친숙하지 않던 이성들이 어울릴 때도 웃음이 유발되어야 자칫하면 어색해지기 쉬운 분위기를 부드럽고 편안하게 바꿔준다.

그러자면 여럿이 서로 다투듯이 웃음이 나올 이야기를 꺼내거나 누군가 웃음을 주도하는 사람이 있어야 한다. 그렇지만 평소에 웃기는 이야기와는 거리가 먼 사람이 섣불리 웃기려고 하다가는 오히려 비웃음을 살 뿐 아니라 분위기를 어색하게 만든다. 더욱이 분위기에 맞지 않는 어설픈 유머로 웃기려다가는 큰 낭패를 본다.

그러면 어떤 것이 어설프고 섣불리 웃기려고 하는 걸까.

함께 있는 친구나 동료들을 웃길 수 있는 가장 기본적인 소재는 참석자들과 관련이 있는 이야기여야 한다. 전혀 관련이 없는 사람에 대한 이야기는 별로 관심이 없는데 어떻게 웃음이 나오겠는가.

대화에는 화제話題와 주제主題가 있기 마련이다. 친목이나 친선을 위한 모임에서는 화제와 주제가 순서 없이 그때그때 바뀐다. 남들을 웃기려면 흐름을 탈 줄 알아야 한다. 지금 참석자들 가운데 한 친구의 황당한 실수에 대해 이야기하며 웃고 있는데 느닷없이 인터넷 유머를 꺼내놓는다면 웃기는커녕 오히려 분위기만 그르친다. 화제와 주제, 흐름에서 동떨어진 이야기로는 웃기기 어렵다.

이미 오래전에 유행했던 낡은 유머, 이를테면 '사오정 시리즈'를 꺼내봤자 오히려 본인이 사오정이 되고 만다. 누구나 다 알고 있는 한물간 유머는 이미 웃음의 요소가 사라진 것이다.

이른바 '아재 개그'라는 것이 있다. 젊은 세대들의 감각에 맞지 않는 썰렁한 개그가 아재 개그다. 예를 들어보자.

"늙은이들이 많은 대학은?"

"연세대학교."

"김밥이 죽으면 어디로 갈까?"

"김밥천국."

"추장보다 더 높은 사람은?"

"고추장."

얼마나 썰렁하고 어이없는 개그인가. 이런 아재 개그는 어처구니가 없어서 헛웃음이 나올 뿐이다. 추장보다 높은 사람이 누구냐고 물었으면 답도 사람이어야 논리에 맞는데 '고추장'이라니, 분위기만 망칠 뿐이다.

예전에 젊은 남녀가 만났을 때 남자의 입에서 나오는 가장 재미없는 이야기에 대한 우스갯소리가 있었다. 군대 이야기, 축구 이야기, 군대에 가서 축구했던 이야기가 그것이다.

남자가 군복무 경험과 자기 자랑을 늘어놓는 것은 여자 입장에서는 별 관심 없는 이야기다. 축구 이야기도 마찬가지다. 대부분의 여자들은 스포츠에 무관심하다. 더욱이 군대 가서 축구했던 이야기라면 귀를 막고 싶을 것이다. 남자로서는 재미있다고 꺼낸 이야기지만 상대방이 관심 없는 이야기는 지루함만 가져다 줄 뿐이다.

'고기도 먹어본 사람이 잘 먹는다'고, 역시 남들을 웃기는 것도 평소에 잘 웃기는 사람이 능숙하다. 그런 사람은 의도적으로 웃기려고 하지 않아도 꺼내는 이야기마다 웃음이 나오게 한다. 경험을 통해 남을 웃기는 데 서투르다고 생각하는 사람은 억지로 어설프게 웃기려고 나서지 않는 것이 좋다. 그보다는 상대방의 재미있는 이야기에 크게 웃어주는 것이 더 낫다. 잘 웃는 사람도 호감을 주어 어디서나 환영받는다.

삐딱한 말
한마디가

폭력을
부른다

우리는 지금 아무것도 뜻대로 되는 것이 없는 무척 힘들고 고달픈 세상을 살고 있다. 우리 국민의 행복지수는 OECD 국가들 가운데서 거의 바닥권이다. 사는 게 힘드니 법과 제도가 지켜지지 않고 윤리·도덕과 미풍양속이 무너진 지 오래다.

심지어 초등학생들은 왕따에 멍들고, 성적으로 조숙한 청소년들은 중학생만 되면 성적 일탈행위를 예사롭게 여긴다. 갖가지 성폭력은 중학교 2학년에서 가장 많이 일어난다. 젊은 세대들은 그들의 인생에서 거쳐야 하는 연애, 결혼, 취업이 너무 힘들어 좌절하고 포기하는 실정이다. 그리하여 그 무엇도 뜻을 이룰 수 없다는 'N포 시대'를 힘겹게 살고 있다.

기성세대들도 예외가 아니다. 자녀 양육과 교육에 허덕이고 언제 직장에서 쫓겨날지 모르는 불안에 떨어야 한다. 평생직장은 아주 오래전의 꿈 같은 이야기다. 50세가 넘으면 은퇴를 준비해야 한다. 수명은 길어져 100세 시대라는데 나머지 반평생을 어떻게 살란 말인가.

너나없이 살기 어려우니 가족이 해체되어 혈육끼리 단절된 채 살아간다. 사랑으로 인연을 맺은 연인 사이에도 데이트 폭력이 만연하고, 어쩔 수 없이 헤어지려고 하면 배신에 대한 앙갚음과 보복으로 이별범죄를 저지른다. 그야말로 사귀거나 죽거나, 어느 한쪽을 선택해야 한다.

노력해봤자 제대로 되는 일이 없으니 욕구불만과 분노가 쌓여 건드리면 터질 지경으로 감정 조절이 되지 않는다. 저마다 각박해지고 살벌하고 악랄해진다. 속된 말로 모두 독이 잔뜩 올라 누구라도 자신의 감정을 건드리면 발악하듯 덤벼든다.

혈육끼리도 자신이 조금이라도 손해를 보게 되면 죽기 살기로 싸우고, 친구끼리도 서로 시비가 붙어 흉기를 휘두르고, 많은 사람이 오가는 길에서 어깨를 부딪쳤다고 집단으로 폭행하고, 아파트 위층이 시끄럽다고 흉기를 들고 올라가 위층 사람을 살해하는 경우도 심심치 않게 벌어진다.

원래 우리 민족은 농경민족으로 호전적이지 않다. 심성이 본질적으로 착하고 정이 많은 민족이다. 혈육은 친밀감과 유대감이 끈끈했으며 이웃과도 우애가 넘쳤다. 윗사람을 공경하고 아랫사람에게는 하염없이 사랑을 베푸는 민족이었는데 어쩌다가 이 지경이 됐는지 안타까울 뿐이다.

이런 각박하고 험한 세상에서 엉뚱한 봉변을 당하지 않으려면 어쩔 수 없이 행동을 조심하고 말조심해야 한다. 특히 남들과 대화할 때는 더욱 조심해야 한다. 미소를 짓고 공손하고 친절하게 말해야 하며 상대방에 대한 배려와 양보에 너그러워야 한다.

그러나 현실은 그렇지 않다. 곳곳에 욕구불만과 분노가 가득한 사람이 넘쳐난다. 이런 사람들의 말투는 크게 두 가지로 나뉜다. 하나는 상대방을 제압하기 위해 큰 소리로 거칠게 몰아붙이거나 윽박지르는 말투, 또 하나는 상대방을 비웃고 조롱하듯 비아냥거리는 삐딱한 말투다.

두 가지의 어느 경우라도 충돌은 불가피하다. 상대방도 욕구불만과 분노가 가득하기는 마찬가지이기 때문이다. 하지만 상대방을 더욱 열 받게 하는 것은 은근히 조롱하고 시비를 거는 듯한 삐딱한 말투다. 위압적인 거친 말투보다 삐딱한 말투가 상대방의 감정을 순간적으로 더욱 강하게 자극한다.

그리하여 서로 핏대를 올려 필사적으로 맞서며 충돌하고 자기만 옳다고 주장하니까 폭력행위가 일어나고, 좀 더 확대되면 분노의 감정이 폭발해서 이성을 잃고 흉기를 휘둘러 충격적인 사건을 일으키는 것이다. 이처럼 감정이 폭발하여 서로 충돌하게 될 때는 어떡해야 할까.

어느 한쪽이 한발 물러서야 한다. 충돌하면 결국 양쪽 모두 피해를 볼 뿐이다. 되도록 상대방이 먼저 물러서기를 기대하지 말고 내가 먼저 물러서는 것이 좋다. 그러자면 여유가 있어야 한다. 상대방의 삐딱한 말 한마디에 발끈하지 말고 좀 느긋할 필요가 있다. 그런 태도는 마음의 여유에서

48

나온다.

난폭운전이 사회적 문제가 된 지 오래다. 혼잡한 도로에서 앞에 가는 차가 속력을 내지 않고 길도 비켜주지 않으면 뒤차는 짜증이 난다. 그래서 경적을 마구 울려대고, 뒤에서 들이받기도 하고, 기어이 앞차를 추월해서 가로막고 차를 세우고 운전자를 폭행한다. 마음의 여유가 없으니 발끈하고 짜증이 나고 화가 치미는 것이다.

이런 우스갯소리가 있다. 중년 여성이 운전하는 승용차가 앞에서 서행을 하며 알짱거리자 젊은이가 운전하는 뒤차가 경적을 마구 눌러댔다. 그래도 중년 여성의 승용차가 여전히 서행하자 화가 난 젊은이가 기어코 앞차를 추월하며 옆에 바짝 붙어 한마디 쏘아붙였다.

"에이, x발! 아줌마가 집에서 밥이나 할 것이지 왜 차는 끌고 다녀?"

그때 중년 여성 왈,

"짜샤! 지금 밥하러 가잖아, 인마!"

물론 우스갯소리지만 그런 여유가 있어야 한다. 또는 "미안합니다.", "죄송합니다." 한마디면 충돌이 일어나지 않는다. 그런데 "뭐? 인마, 너 지금 뭐라고 그랬어?" 하고 발끈하면 충돌을 피할 수 없다.

뜻하지 않게 상대방과 맞서게 됐을 때 상대방이 다짜고짜 욕설과 거친 말을 하면 순간적으로 화가 치밀어 상대방과 똑같이 거칠게 대응하게 된다. 그럴 때 내가 먼저 한발 물러서야 격렬한 충돌을 피할 수 있다. 상대방의 험한 말에 흥분하기에 앞서 한번 심호흡을 해보라. 그러면 치밀었던 격한 감정이 어느 정도 가라앉는다. 직접 해보면 알 것이다. 효과가 확실하다.

그다음, 침착하게 상대방의 말을 다 들어야 한다. 그리고 내가 사과하거나 용서를 구할 여지가 있다면 솔직하고 분명한 태도로 사과하고 용서를 구하는 것이 효과적이다. 만일 나한테 아무런 잘못이 없다면 차분하게 합리적이고 논리적으로 입장을 설명할 필요가 있다.

이때 너무 장황하게 설명하지 않도록 주의해야 한다. 마치 강연을 하듯 지나치게 조리를 따져 말하는 것도 긍정적인 효과를 얻지 못한다. 어찌 되었든 상대방은 화가 난 상태이므로 진정시키는 것이 중요하다. 장황하고 훈계하는 듯한 말은 상대방을 더욱 화나게 한다. 될 수 있는 대로 짧게 말하라. 상대방의 말을 충분히 들은 뒤 그에 대한 응답을 하면서 내 주장을 몇 마디 하는 식으로 말을 끊어가며 대화하는 것이 훨씬 효과적이다.

미국의 16대 대통령 링컨은 얼굴이 못생겨 자주 화제가 되었다. 선거가 한창일 때 유세장에서 상대 후보가 링컨을 공격했다.

"링컨은 두 얼굴을 가진 이중인격자입니다."

그러자 링컨이 응수했다.

"여러분, 내가 정말 두 얼굴을 가졌다면 이처럼 중요한 자리에 하필 못생긴 얼굴을 가지고 나왔겠습니까?"

그 말에 유세장은 웃음바다가 되었으며, 청중들은 모두 링컨의 지지자가 됐다.

미국의 억만장자 카네기가 어렸을 때 얘기다. 엄마와 함께 길을 걷던 카네기가 과일가게 앞에서 멈춰서 딸기를 뚫어지게 바라보며 먹고 싶어 했다. 그러자 가게 주인이 "딸기가 먹고 싶구나. 한 주먹 집어 먹으렴. 괜찮다."

하지만 카네기는 여전히 딸기만 바라볼 뿐이었다. 그러자 주인이 웃으며 한 움큼 집어줬다. 카네기가 딸기를 맛있게 먹으며 걸어갈 때 엄마가 물었다.

"얘, 아까 딸기를 집어도 괜찮다는데 왜 가만히 있었니?"

그러자 카네기가 말했다.

"내 손은 작고 주인아저씨의 손은 크잖아요."

프랑스의 유명한 소설가 모파상은 파리에 에펠탑을 세우는 데 적극적으로 반대하며 앞장섰다. 파리의 미관을 크게 해친다는 이유였다. 그런데 우여곡절 끝에 에펠탑이 세워지자 모파상은 하루도 빠짐없이 에펠탑 안에 있는 식당에서 식사를 하는 것이었다. 당연히 사람들이 의아해하며 그에게 물었다.

"누구보다 앞장서서 에펠탑을 필사적으로 반대하더니 왜 이곳에 매일같이 오는 겁니까?"

모파상이 대답했다.

"파리 시내에서 에펠탑이 안 보이는 유일한 곳이 여기니까요."

세계적인 천재 물리학자 아인슈타인이 기차여행을 하고 있었다. 이윽고 승무원이 기차표 검사를 하며 가까이 다가오고 있었다. 아인슈타인은 옷 주머니들을 살폈지만 차표가 없자 당황해서 좌석의 바닥을 살피고 있는데 승무원이 다가왔다.

"아, 박사님이시군요. 저도 박사님을 잘 압니다. 설마 박사님이 차표를 안 사셨겠습니까? 됐습니다."

그런데도 아인슈타인은 여전히 엎드려 바닥 구석구석을 살피는 것이었다.

"허허, 됐다고 하지 않았습니까? 제가 박사님을 잘 안다니까요."

그래도 아인슈타인은 계속해서 차표를 찾으면서 말했다.

"나도 내가 누군지 알아요. 그런데 차표가 없으면 내가 어디로 가는지 목적지를 모른단 말이오."

80세가 넘은 처칠이 어느 모임에 참석했을 때 일이다. 한 여인이 그의 바지 지퍼가 열려 있는 것을 보고 말했다.

"바지 지퍼가 열렸군요."

처칠은 당황하지 않고 말했다.

"걱정 마세요. 죽은 새는 결코 새장 밖으로 나올 수 없으니까요."

웃는
얼굴에

침 못 뱉는다

이 세상 모든 동물 가운데 오직 인간만이 웃을 수 있다. 어떤 동물도 웃는 표정을 짓지 못한다. 독일의 철학자 니체는 "오직 인간만이 웃을 수 있는 것은 그만큼 슬픔이 많기 때문이다."라는 말을 남겼지만, 그것은 어디까지나 철학적인 표현이다.

웃는 표정을 지을 수 있는 것은 인간의 안면근육이 그만큼 정교하게 발달했기 때문이다. 왜 인간의 안면근육은 그토록 정교하게 발달했을까? 그것은 진화의 산물이라고 생각한다. 진화는 생명체가 생존을 위해 서식환경에 적응하려는 꾸준한 변화에 의해 이루어진다.

인간은 무리 지어 사는 사회적 동물이다. 무리 지어 사는 다른 동물들은 서로 입을 맞대거나 몸을 비비고 털을 골라주기도 하고 그들 나름의 신호로 교감하지만 인간은 언어를 이용해 교감한다.

인간만이 누리는 특권인 언어에는 감정이 포함되어 있다. 대화를 할 때 언어와 감정이 상대방에게 전달되어야 소통과 공감이 이루어진다. 그리하여 인간은 진화 과정에서 상대방에게 감정을 정확하게 전달하기 위해 안면근육이 정교하게 발달하고 웃는 표정까지 만들어냈을 것이다. 웃는 표정은 비웃음이나 코웃음이 아니라면 대부분 긍정적이고 호의적인 신호가 된다. 굳이 말을 하지 않아도 웃는 표정으로 서로의 의사를 나타낼 수 있게 진화했을 것이다.

'웃는 얼굴에 침 못 뱉는다'는 우리 옛말도 이와 일맥상통한다. 잔뜩 찌푸린 표정이나 성난 표정으로는 정상적인 대화가 이루어질 수 없다. 그것은 이미 상대방에게 부정적인 감정을 가지고 있거나 무언가 못마땅하다는 것을 드러낼 뿐이다. 그러면 상대방도 당연히 긴장하거나 맞설 태세를 갖추게 된다. 웃어야 분위기도 좋고 대화도 재미있게 이어갈 수 있다. 웃어야 상대방의 공감을 이끌어낼 수 있다. 웃음은 대화의 기술이나 요령이라기보다 상대방을 대하는 기본적인 자세이며 태도이다.

평소에 잘 웃는 사람은 남들과 대화할 때도 잘 웃는다. 하지만 사람의 개성은 다 달라서, 항상 근엄한 표정을 짓는 사람도 있고 진지한 표정의 사람도 있으며 늘 불만이 가득한 표정이 고착된 사람들이 있다. 이처럼 미소와 웃음이 부족한 사람도 개선이 가능할까.

일본의 대기업 CEO가 이런 말을 했다.

"사람의 마음을 여는 데 미소만큼 확실한 방법은 없다. 우리 회사에서 미소는 성격이 아니라 능력이다. 미소를 능력이라고 받아들이는 순간 갈고닦아야 할 훈련의 대상이 된다."

충분히 공감이 가는 이야기다. 미소는 성격이 아니라 능력이라는 말에 전적으로 동의한다. 미소와 웃음은 타고난 성격이 아니다. 노력으로 얼마든지 미소 띤 표정을 유지할 수 있다. 미소와 웃음이 부족하다면 일본의 CEO가 주장하듯이 갈고닦는 훈련이 필요하다.

그렇다고 해서 혼자 거울을 보며 억지 미소를 짓고 웃는 표정을 연습하는 것은 별 효과가 없다. 가장 좋은 방법은 항상 잘 웃고 미소 짓는 사람들과 어울리는 것이다. 그런 사람과 마주하면 무의식적으로 잘 웃게 되고 미소를 짓게 된다. 그런 사람들과 자주 어울릴수록 차츰 그 사람을 닮아가게 된다.

유머가 풍부한 사람과 자주 만나는 것도 좋다. 익살스런 유머에 소리 내어 웃다 보면 나도 유머러스한 이야기를 하게 되어 분위기는 더욱 좋아진다. 그러한 시간이 많아질수록 나도 모르게 미소 띤 표정과 웃음이 체화되어간다. 그것이 바로 미소를 갈고닦는 훈련이며 마침내 능력이 된다.

○

'X발'과
'존나'의

대화심리

⋮

○

'X발'과 '존나'는 욕설이며 막말이다. 가까운 친구끼리 하는
악의 없는 욕설은 친밀감을 주기도 하지만 욕설과 막말은 엄
연한 언어폭력이다. 그뿐 아니라 상대방을 자극해서 큰 충돌
이 빚어지고 자칫하면 끔찍한 사건으로 비화되기도 한다.

그럼에도 오늘날 우리 사회는 욕설과 막말이 아무렇지 않
게 오간다. 욕설과 막말을 하지 않으면 대화가 안 될 정도로
생활화되었다고 해도 지나치지 않다.

대화를 할 때 그야말로 입버릇처럼 내뱉는 대표적인 욕설
이 'X발', 'X새끼', '존나'라고 할 수 있다. 'X발'은 입에 담기 어려

울 정도로 천박한 성적性的인 욕이다. 'x새끼' 역시 사람을 동물에 비유하는 상스러운 욕이다. '존나'는 한때 청소년들 사이에서 관용어처럼 쓰였으나 요즘은 다소 유행이 지난 느낌이다. '존나'는 의미가 매우 복합적인데, 역시 성적인 욕설로 'x발'과 비슷한 의미이다. 매우, 몹시, 엄청나게 등의 뜻도 있다.

가정이나 학교에서 아무리 바른 말과 고운 말을 가르쳐도 초등학교 고학년만 되면 욕설을 입에 달고 산다. 중고등학생쯤 되면 욕설이 가장 편하게 쓰는 관용어가 된다. 청소년들에게 그처럼 욕설이 생활화되다 보니 친구들과 대화할 때 욕설을 하지 않으면 왕따를 당한다. 그래서 고운 말을 쓰던 학생들도 어쩔 수 없이 욕설에 동조하고 동화된다. 여학생이라고 예외는 아니다. 남학생들보다는 덜할 뿐 곧잘 욕설을 한다.

왜 우리 사회에 욕설이 만연한 걸까.

일종의 서열의식을 드러내는 수단이라고 할 수 있다. 상대방보다 우위에 서서 제압하려는 것이다. 우리 사회가 치열한 경쟁 사회가 되면서 아이, 어른 할 것 없이 경쟁에서 이겨야 살아남고 지면 도태된다는 경쟁의식이 이미 체질화됐다. 대화를 시작하자마자 상대방을 제압해야 이길 수 있다는 그릇된 인식이 욕설과 막말을 마구 쏟아놓는 습성을 만들었다.

우리 사회에 팽배한 '분노'도 욕설과 막말을 부추긴다. 무엇 하나 뜻대로 되는 일이 없고 미래에 대한 꿈과 희망조차 갖기 어려운 불안하고 암울한 사회가 되다 보니 분노의 감정이 내재화되고 말았다. 그 때문에 많은 사람들이 욕설과 막말로 자기감정을 표출한다.

이를테면 운전하다가 접촉사고가 났을 때 논리적이고 합리적으로 잘잘못을 가리는 것이 아니라, 다짜고짜 "에이, x발! 운전을 어떻게 하는 거야? 당신 눈이 없어?" 하며 거칠게 나온다. 상대방도 고분고분하지 않다. "이런 x발! 왜 갑자기 끼어들어?" 하며 맞서면서 거친 말싸움이 벌어지고 멱살잡이로 이어지기 일쑤다.

심심찮게 뉴스 기삿거리가 되는 아파트 층간소음 문제도 마찬가지다. 위층에서 아이들이 뛴다든가 조금이라도 소음이 나면 당장 뛰어올라가 마구 문을 두드린다. 위층 사람이 문을 열면 "에이, x발! 시끄러워서 견딜 수가 없잖아!" 하면서 고함부터 지른다. "뭐? 이 사람 말투 좀 봐! 누구한테 욕이야? 당신은 아이 안 키워봤어?" 하며 다투다가 흉기를 휘두르는 사태까지 발생한다.

욕설과 막말이 만연한 또 다른 이유는 인정 욕구와 과시 욕구 때문이다. 워낙 위축되어 살다 보니 무엇으로라도 인정받고 과시하고 싶은 것이다. 마치 조직폭력배들이 욕설과 거친 말로 자신을 과시하며 상대방을 제압하고 겁먹게 하듯이 말이다. 하지만 아주 잘못된 생각이다.

요즘 여러 이유로 막말이 더욱 확산되면서 단순한 욕설을 넘어서 다른 사람을 극단적으로 비하하는 끔찍한 막말까지 등장하고 있다. 청소년들이 잔소리가 심한 엄마를 '맘충', 학생들을 '급식충', 한심한 남자를 '한남충' 등으로 부르면서 사람을 벌레 취급 하는 것이다. 나는 우월한 사람, 너는 하찮은 벌레라는 것이다.

남들보다 우위에 서고 인정받는 것은 능력과 됨됨이지 욕설과 막말이 아니다. 대화할 때 기선을 제압하고자 욕설과 막말을 쏟아내면 겁먹고 위축되는 사람도 있지만 대부분은 인격적인 모욕을 느껴 반발하고 분노한다. 분위기가 험악해져서 원만하고 합리적인 대화는 아예 물 건너가고 폭력과 같은 물리적인 행동만이 그 자리를 대신한다. 그 결과는 자명하다. 양쪽 모두 큰 피해를 입을 뿐이다.

진정으로 상대방에게 원하는 것을 얻고자 한다면 예의를 갖춘 겸손한 말, 품위 있는 말, 고운 말로 상대방을 편하게 해주어야 한다. 말과 대화는 상대적이다. 내가 욕설을 하면 상대방도 욕설로 맞서고 내가 좋은 말을 하면 상대방도 좋은 말로 응대한다. 그래야만 내가 원하는 것을 얻을 수 있다.

'촌철살인寸鐵殺人'이라는 고사성어가 있다. 글자 그대로는 '작은 쇳조각으로 사람을 죽일 수 있다'는 뜻이지만, 실제적인 쓰임새는 짧은 말 한마디로 상대방을 제압하거나 감동을 줄 수 있다는 뜻이다. 욕설과 막말이 아닌, 재치 있는 말 한마디로 상대방을 설득할 수 있다면 더 바랄 것이 없다.

'숨진 채'와
'숨 쉰 채'의

대화는 가시적으로 상대방과 함께 할 때 서로 오고 가는 말이다. 상대방과 직접 얼굴을 마주 보며 말하는 것이 대화이다. 국어사전에서도 대화의 뜻을 '서로 마주하여 이야기를 주고받음'이라고 풀이하고 있다.

하지만 그것은 고전적인 대화의 개념이라고 할 수 있다. 오늘날에는 상대방과 마주 보며 이야기를 주고받는 직접적인 대화뿐 아니라 간접적인 대화의 방법들이 얼마든지 있다. 이를테면 전화 통화, 휴대폰을 이용한 문자 교환, 채팅, SNS를 통한 커뮤니케이션도 간접적인 대화라고 할 수 있다.

상대방과 얼굴을 마주하지 않는 간접적인 대화에서 전화 통화는 당연히 통화하는 두 사람의 대화다. 휴대폰을 이용한 문자 교환도 친구나 연인 등과 단 둘이 주고받는 대화이다.

SNS는 전화와는 성격이 다르다. 불특정 다수를 상대로 하는 간접적인 대화다. SNS를 통해 누군가 자신의 주장, 견해, 의견 따위를 개진하면 불특정 다수가 그에 대한 댓글을 올려 동조하거나 비난하기도 하고, 그와 다른 자기주장을 내놓으며 격렬한 난장亂場이 펼쳐지기도 한다. '난장'은 잘 알다시피 여러 사람들이 뒤엉켜 함부로 떠들거나 덤벼들어 뒤죽박죽이 된 곳을 뜻한다. 흔히 그러한 상황을 난장판이라고도 한다.

그처럼 온라인을 이용해서 자기주장을 개진하는 것은 잘못된 행태가 아니다. 우리에게는 언론의 자유가 있어서 누구나 자기 생각이나 주장을 자유롭게 표현할 수 있다. 하지만 온라인은 특정한 통제 기능이 있기는 하지만 허술해서 진정성이나 사실성이 자주 문제가 되고 사회적 이슈가 되기도 한다.

특별한 사안이나 특정 인물에 대해 진실을 확인하지 않고 집단적으로 매도하거나 맹렬한 비난을 퍼붓는가 하면 터무니없는 괴담과 가짜뉴스가 판을 치고 어처구니없는 말장난이 지나쳐, 때로는 사회적으로 큰 혼란을 일으키는 것이다.

한 가지 예를 들어보자. 한때 온라인상에서 '숨진 채'와 '숨 쉰 채'와 같은 말장난이 유행한 적이 있다. 연기자나 스포츠선수처럼 대중에게 잘 알려진 인물이 갑작스럽게 사망했거나 스스로 목숨을 끊었는데 뒤늦게 발견했을 때 매스컴에서 '숨진 채 발견'이라고 표현한다. 혼자 사는 사람이 사망한 지 몇 달이 지나서야 발견되었을 때도 그런 표현을 써서 사회적 관심을 갖게 한다.

'숨 쉰 채'는 아무런 관심거리가 아니다. 생명체는 모두 숨을 쉬며 살아간다. 하지만 당연한 사실을 순간적으로 또 시각적으로 '숨진 채'와 '숨 쉰 채'를 혼동해서 그 내용을 들여다보도록 하는 것이다. 그야말로 비겁한 말장난이다.

왜 이런 부질없는 말장난으로 혼란을 일으키는 걸까?

온라인은 거의 대부분 익명으로 자신을 감출 수 있기 때문에 책임지지 않아도 될 터무니없는 말장난을 하는 것이다. 그뿐 아니라 온라인은 얼굴을 마주 볼 일이 없으니까 재미삼아 그런 짓을 하는 것이다. 그들이 노리는 것은 많은 사람의 관심을 끌어 자신을 과시하고 만족감을 얻으려는 것이다. 올바른 시민의식이나 사회적 책임감이 전혀 없는 이기적인 행동이다.

또 하나, 어쩌다 신뢰가 무너져 의심이 많은 사회가 되다 보니 많은 사람들이 조금이라도 미심쩍으면 의심하고, 심지어 자기와 견해가 달라도 의심한다.

한때 온라인에는 'ㅇㅇㅇ의 진실을 요구합니다'라는 사이트가 큰 관심을 끌었다. 의심받는 당사자의 진실이 수사기관에 의해 밝혀져도 그 사이트는 사라지지 않고 끊임없이 의심을 제기했다. 불신과 의심이 팽배한 사회에서 살다 보니 진실을 외면하고 온라인의 근거 없는 주장과 말장난을 은근히 믿고 싶어 하는 것이다.

진정한 대화는 얼굴을 마주 보며 서로 이야기하는 직접 대화다. 요즘 특히 젊은 세대들이 온라인을 통한 간접 대화에 익숙해 있는데 원만한 인간관계와 대인관계는 직접 대화가 가장 효과적이라는 사실을 알아야 한다. 상대방과 얼굴을 마주 보는 직접 대화는 단지 서로 말을 주고받는 것이 아니다. 말을 하면서 서로 어떤 느낌을 갖게 되고 감정을 교류하면서 소통과 공감의 커뮤니케이션이 이루어지는 것이다.

온라인에서는 감정 교류가 어렵다. 압축된 짧은 글만 보고는 상대방이 어떤 감정 상태인지 제대로 파악하기 어렵다. 오죽하면 'ㅠㅠ, ㅋㅋㅋ, ㅎㅎㅎ' 따위의 문자 표시로 자기 감정을 알리려 할까.

또한 온라인에서는 거침없이 난무하는 거짓말과 사기성 발언, 마녀사냥식의 비판 따위가 사실과 진정성을 가려 바람직한 소통을 기대하기 어렵다. 바람직한 소통을 위해서는 상대방을 만나야 한다. 상대방과 얼굴을 마주 보며 대화할 때 참다운 소통이 이루어지고 공감을 얻을 수 있다. 인간관계에서 만남보다 더 좋은 것은 없다.

이 세상에서
가장
재미없는
말

방송에서 〈개그 콘서트〉니 〈웃찾사〉와 같은 개그 프로그램을 본 적이 있을 것이다. 연극에도 '폭소극'이라고 내세우는 코미디 작품들이 공연되고 있다. 모두 시청자나 관객들에게 웃음을 제공하기 위해 만든 작품들이다. 개그 프로그램이 아니더라도 방송의 예능 프로그램은 대부분 시청자들에게 웃음과 재미를 주려는 것이 제작 의도라고 할 수 있다.

그런데 그러한 프로그램들의 개그 콩트를 보면 개그맨들이 연기를 하면서 웃음을 터뜨리거나 웃음을 억지로 참느라고 안절부절못하는 모습을 가끔 볼 때가 있다. 하지만 정작

보는 사람은 웃음은커녕 전혀 재미없을 때가 많다. 예능 프로그램도 그렇다. 출연자들이 시청자를 웃기려고 하는 이야기지만 듣는 사람은 재미없을 때가 많다.

말하자면 자기 혼자만 재미있는 것이다. 코미디나 개그를 직접 연기하는 연기자가 스스로 빠져들어 웃기고 재미있어 못 견디는 것이 아니라, 보는 사람이 재미있어서 웃음을 터뜨려야 한다. 개그맨이나 출연자들 본인이 너무 재미있어서 웃어대면 실패한다. 보는 사람이 재미있어야 한다.

대화도 그와 다르지 않다. 재미있게 말하려고 하지만 상대방은 전혀 재미가 없을 수 있다. 상대방이 겉으로 드러내지는 않지만 지루하고 짜증이 난다면 그 대화는 아무런 의미가 없는 대화가 된다. 말하는 사람 혼자만 재미있지 상대방에게는 너무 재미없는 대화가 되는 것이다. 그럼 어떻게 말할 때 상대방이 재미없고 지루해서 짜증이 날까?

첫째, 혼자 너무 말을 많이 할 때다. 친구들끼리 노래방에 가면 혼자 마이크를 독점하려는 친구가 있다. 다른 사람이 노래 부를 틈조차 주지 않고 저 혼자 마이크를 잡고 잇

70

달아 여러 곡을 노래하는 친구는 환영받지 못한다. 노래를 아무리 잘 불러도 다른 사람들은 짜증이 난다.

대화는 상대방이 있기 마련이며 서로 말을 주고받을 때 이루어진다. 그런데 상대방에게 말할 기회를 좀처럼 주지 않고 자기 혼자 떠든다면 듣는 사람은 지루하고 짜증이 날 수밖에 없다. 더구나 상대방이 말을 꺼내려고 하면 잽싸게 가로막거나 무시하면서 "내 말 들어봐.", "내 말 아직 안 끝났어." 하며 끊임없이 자기 말만 하는 사람이 있다. 이처럼 일방적이면 아무리 재미있는 말, 좋은 말을 하더라도 세상에서 가장 재미없는 말이 된다. 상대방은 자기가 하고 싶은 말은 전혀 못하니까 답답하고 짜증이 난다.

입은 하나, 귀가 둘인 이유는 내 말을 많이 하기보다는 상대방의 말을 두 배는 더 들어야 하기 때문이다. 상대방에게 원하는 것을 얻고자 한다면 더욱 상대방의 말을 귀 기울여 들어야 한다.

둘째, 지나치게 현학적일 때 듣는 사람은 재미없다. 누구나 저 잘난 맛에 산다지만 너무 잘난 척, 너무 유식한 척 자기만을 내세우면 상대방은 오히려 거부감을 갖는다. 아무리 유익한 이야기를 하더라도 상대방에게는 재미없는 말이 되고 만다.

각종 정보매체의 발달로 요즘 사람들은 대부분 의식수준이 높고 지식과 정보가 풍부하다. 그런데 저만 잘난 척, 저만 아는 척, 자기만 수준 높은 척 마치 강의하듯 장황하게 현학적인 이야기를 늘어놓으면 재미있어 할 사람은 아무도 없다. 유식한 척하며 동서양 철학자나 예술가들이 남긴 명언이나 격언을 섞어가며 일장 연설을 하면 상대방은 재미는커녕 질려버린다.

일방적으로 자기 지식과 정보를 과시하는 것은 유식한 것이 아니라 오히려 무식한 것이다. 게다가 자기 자랑까지 늘어놓는다면 그야말로 최악이다. '벼는 익을수록 고개를 숙인다'는 옛말처럼 학문이 깊고 지식이 풍부할수록 말씨가 겸손하고 공손해야 호감을 준다.

셋째, 상대방을 존중하지 않는 태도도 문제이다. 아무리 신분과 지위가 높고 나이가 더 많다고 해도 상대방을 무시해서는 안 된다. 나아가 상대방의 전문성을 인정해줘야 한다. 대학교수라고 해서 이 세상 모든 것을 다 아는 것은 아니다. 자기 전공분야의 지식만 뛰어날 뿐이다. 음식에 대해서는 요리사가 더 잘 알고, 컴퓨터 고장은 컴퓨터 수리기사가 더 잘 알고, 전기 고장은 전기기술자가 더 잘 안다. 그러한 전문지식을 인정해주고 인격을 존중해야 원만한 대화가 이루어진다.

어느 의사가 낡은 명품 구두를 들고 구둣방을 찾아와서 고쳐달라고 했다. 그러자 구두를 수선하는 노인이 대답했다.

"이 구두는 고칠 수가 없네요."

의사가 구두를 들고 돌아서려고 하자 노인이 다시 말했다.

"5000원입니다."

"뭐요? 구두를 고치지도 않았는데 5000원이라니, 말도 안 되는 소리를 하고 있네."

"이봐요, 의사양반. 내가 선생의 병원에 가서 진찰을 받았을 때 선생이 고칠 수 없는 병이라고 그냥 돌려보내면서도 진찰료를 받지 않았소? 나도 구두 진찰료를 받는 거요."

내가 아무리 잘났어도 구두에 대해서는 구두를 닦고 수선하는 사람이 더 잘 안다. 그러한 전문성이나 개성, 인격을 무시하고 오직 자기 자신만을 과시하는 말이 상대방에게는 세상에서 가장 재미없는 말이다.

유머는
창의력과

대화를 재미있게 이끌어가는 여러 요소 가운데 빼놓을 수 없는 요소가 웃음을 유발하는 유머이다. 철학적·심리적인 근원과 의미가 담긴 유머의 개념을 쉽게 풀이하기는 어렵지만, 우리말로 하면 익살 또는 해학이라고 할까? 익살스럽고도 품위 있는 말이나 행동을 유머라고 할 수 있다.

웃음이 질병을 치료하는 효과가 있듯이 유머는 스트레스, 강박관념, 우울증 따위의 정신질환을 치료하는 데 큰 효과가 있을 뿐 아니라 각종 질병의 개선에도 큰 도움을 준다. 나아가 친밀감과 유대감을 높여줘 인간관계 향상에 기여하고 사람들에게 행복감을 주기도 한다.

대화를 할 때도 유머는 경직되고 긴장된 분위기를 풀어줌으로써 웃음을 자아내고 대화를 재미있고 순조롭게 이끌어준다. 유머가 풍부한 사람이 누구에게나 호감을 주며 어디서나 환영받는 이유이다. 미혼 여성들이 선호하는 이상적인 남성으로 유머가 풍부한 사람을 꼽는 것도 같은 맥락이다.

그러니만큼 유머감각은 뛰어난 능력이며 스펙이 될 수 있다. 요즘처럼 각박한 세상에서 유머는 더욱 필요하다. 유머가 오가는 즐겁고 재미있는 분위기에서 나누는 대화는 친밀감과 유대감을 더욱 높여줄 것이다. 하지만 유머는 생각보다 쉽지 않다. 어떡하면 유머를 잘할 수 있을까.

먼저 구체적으로 간단한 유머를 살펴보자.

제2차 세계대전 당시 영국의 수상이었던 처칠은 유머가 뛰어났던 인물로 널리 알려져 있다. 어느 날, 의회에 참석했던 처칠이 소변을 보려고 화장실에 갔다. 마침 걸핏하면 사사건건 물고 늘어지는 노동당 당수가 먼저 와서 소변을 보고 있었다. 처칠이 그와 멀리 떨어져서 소변을 보는데 노동당 당수가 또 시비를 걸었다.

"총리, 왜 나를 피하시오?"

그러자 처칠이 이렇게 대답했다.

"당신들은 큰 것만 보면 무조건 국유화해야 한다고 주장하지 않소?"

노동당 당수는 웃음을 터뜨리지 않을 수 없었다. 계속되는 회의에서 그는 더 이상 처칠을 괴롭히지 않았다. 처칠의 또 다른 유머를 살펴보자.

처칠은 의회에 참석해야 하는 시간에 자주 지각하곤 했다. 어느 날, 그날도 어김없이 지각하자 그의 정적政敵이 점잖게 그러나 차갑게 처칠을 비난했다.

"영국은 아침에 늦게 일어나는 게으른 정치인을 필요로 하지 않습니다."

하지만 그냥 물러설 처칠이 아니었다.

"글쎄요. 당신도 나처럼 예쁜 아내와 함께 산다면 아침에 일찍 일어나기가 힘들 거요."

참석자들이 모두 크게 웃었고 더 이상 처칠의 지각을 문제 삼지 않았다. 처칠과 의회의 유머 한 가지만 더 소개하겠다.

처칠 수상이 의회에서 회의를 하다가 한 여성 의원과 심한 논쟁이 벌어졌다. 흥분한 여성 의원이 차를 마시는 처칠에게 쏘아붙였다.

"당신이 내 남편이었다면 틀림없이 그 찻잔에 독약을 넣었을 거예요."

그러자 처칠이 웃으며 응수했다.

"당신이 만약 내 아내였다면 나는 주저 없이 그 차를 마셨을 거요."

의원들이 모두 웃음을 터뜨렸고 여성 의원은 말문이 막히고 말았다.

유머는 일반적으로 감각이라고 말한다. 틀린 말은 아니다. 남보다 유머감각이 뛰어난 사람이 있다. 각종 모임에 참석해보면 평소에 유머감각이 뛰어난 사람이 어김없이 유머로 웃음을 자아내 즐겁고 재미있는 분위기를 만든다. 그런 사람이 먼저 유머러스한 말을 하면 모두 즐겁게 웃고 앞다퉈 그 말에 유머로 응수함으로써 화기애애한 분위기가 되는 것이다.

하지만 유머감각이 뒤떨어지는 사람이 자기 나름대로 유머러스한 말을 하면 오히려 어색할 때가 많다. 상황과 분위기에 맞게 재치 있는 말을 할 수 있어야 유머가 된다. 앞에 소개한 처칠은 노동당 당수의 비아냥거림에 상황에 걸맞은 재치 있는 응답을 하고, 예쁜 아내가 있으면 지각할 수밖에 없다는 유머로 비난을 피했다. 처칠이 그런 말을 할 때 노동당 당수가 비난하고 나섰다면 그는 스스로 자기 아내가 예쁘지 않다는 것을 인정하는 꼴이 되었을 것이다. 이처럼 유머감각은 타고나는 것일 수 있지만, 더 중요한 것은 상황과 분위기의 판단이다. 그것을 제대로 판단하면 그것에 걸맞은 유머를 구사할 수 있다.

어느 기업의 영업부에서 판매실적을 높이기 위한 회의가 열렸다. 판매실적이 부진한 탓에 회의 분위기는 내내 무겁고 딱딱했다. 괴로운 분위기가 오래 이어지자 누군가 분위기를 바꾸려고 그나마 실적이 우수했던 김철수를 칭찬했다. 그러자 모두들 앞다퉈 김철수를 칭찬하기에 바빴는데, 회의를 주재했던 팀장이 "우리 모두 김철수만큼만 합시다. 이것으로 김철수 격려회를 마치겠습니다."라고 말하자 일제히 웃음을 터뜨리며 밝은 분위기에서 회의를 끝마쳤다.

물론 그 회의가 김철수 격려회는 아니었지만 팀장의 말이 침울한 분위기를 바꿨다. 팀장의 그 말이 반드시 유머감각에서 나온 것은 아니다. 그것이 순간적인 상황 판단이다. 상황에 집중할 때 자기도 모르게 그런 유머가 나오는 것이다.

유머는 품위를 지녀야 그 가치가 있다. 함께 있는 사람들이 부담 없는 가까운 사이라고 해서 막말과 욕설을 섞어가며 웃기려고 한다면 그것은 유머가 아니다. 그냥 농담일 뿐이다. 처칠의 유머에서 봤듯이 품위 있는 한마디로 상대방을 제압하고 오히려 웃음이 나오게 하는 것이 진정한 유머다.

유머는 익살과 해학이 있고 은근한 풍자가 있을 때 더욱 돋보인다. 유머는 익살로 상대방이 불쾌하지 않게 또 웃음이 나오게 하는 기능도 있지만, 쉬운 말로 상대방을 '한 방 먹이는' 기능도 있다. 처칠의 유머에서 "당신들은 큰 것만 보면 무조건 국유화해야 한다고 주장하지 않소?"는 상대방에게 한 방 먹이는 절묘한 말이다.

그래서 유머에는 해학이 있다고 하는 것이다. '해학'은 세상사나 인간의 결함에 대한 익살스럽고 우스꽝스러운 말이나 행동을 뜻한다. 해학은 풍자를 동반한다. '풍자'는 사회의 부정적인 현상이나 인간들의 결점 등을 빗대어 비웃으면서 은근히 비판하는 것이다.

우리의 전통 탈춤이 그러하다. 하회탈처럼 웃는 얼굴의 탈을 쓰고 우스꽝스러운 동작으로 관객들을 웃기면서 양반사회의 위선과 가식을 풍자한다. 그 장면을 보는 서민들은 그래서 더욱 속이 시원하고 웃게 된다.

하지만 풍자가 지나치면 독설毒舌이 되기 쉽다. 처칠이 여성 의원에게 "당신이 만약 내 아내였다면 나는 주저 없이 그 차를 마셨을 거요."라고 한 말은 웃음을 자아내는 유머지만 독설과 경계선에 있는 말이다. 여성 의원에게는 독설로 들렸을 것이다. 독설은 속된 말로 상대방을 '깔아뭉개는' 말로 유머라고 하기는 어렵다. 상대방이 불쾌감을 느끼면 유머라고 할 수 없다.

서양에서는 웃음을 유발하는 말을 가리켜 유머, 조크, 위트 등 여러 표현을 쓴다. 모두 상대방이 불쾌하지 않게 웃기는 재치 있는 말들이다. 그야말로 유머, 조크, 위트 있는 말을 하려면 재치가 있어야 한다. 앞서 설명했듯이 유머감각이 있고 상황과 분위기를 판단하는 능력이 있어야 하는 것이다.

유머를 구사할 때는 반전反轉의 기술도 필요하다. 반전은 쉬운 말로 '뒤집기'다. 문학작품이나 영화, 드라마 등에서 막바지에 이르러 독자나 관객의 예상을 완전히 뒤집는 결말을 보게 될 때가 많다. 그것이 뒤집기, 반전이다.

노동당 당수가 화장실에서 처칠에게 "총리, 뭘 그렇게 감추시오?" 하며 비아냥거렸을 때 처칠은 "당신들은 무조건 큰 것만 보면 국유화해야 한다고 주장하지 않소?" 하고 노동당 당수에게 한 방 먹였다. 기막힌 반전이다. 당신이 처칠이라면 어떻게 응수할지 한번 생각해보라.

유머의 핵심이라고 할 수 있는 반전의 기술은 창의력과 순발력에서 나온다. 이 또한 타고난 사람이 있겠지만 노력으로 얼마든지 향상시킬 수 있다. 유머가 풍부한 사람이 되고 싶다면 창의력과 순발력을 키우는 것이 지름길이다.

말솜씨는
말하기 나름이다

말을 잘하는
사람과

말이 많은
사람

여러 사람들을 만나다 보면 남달리 말을 잘하는 사람이 있고, 또 너무 말이 많은 사람도 있다. 친구나 동료를 비롯해서 주변에 그런 사람 한둘은 있을 것이다. 그들과 만나면 어떤 모임에서든 변함없이 남보다 말을 잘하거나 혼자 지나치게 말이 많다. 어떻게 보면 그런 성격도 타고나는 것 같다.

그들에게는 몇 가지 공통점이 있다.

말을 잘하든 말이 많든 그들은 대개 적극적이고 활동적이다. 또한 깊이가 있든 얄팍하든 지식과 정보와 경험이 풍부하다. 아울러 품위가 있든 천박하든 표현력이 남달리 뛰어나다. 이러한 공통점은 그들의 장점이라고 할 수 있다.

그러나 말을 잘하는 것과 말이 많은 것에는 큰 차이가 있다. 말이 많은 사람은 대부분 과시욕이 강하다. 그들의 수다를 귀 기울여 들어보면 은근한 자기과시가 심하다. 다른 사람들이 말할 기회를 주지 않고 혼자 무차별적으로 말을 쏟아놓아 분위기를 제압하여 대화를 주도하면서 자신을 과시하는 것이다.

하지만 지나치게 말이 많은 사람은 수다쟁이가 될 뿐 상대방으로부터 인정받지 못한다. 말할 기회를 박탈당한 상대방은 차츰 그의 수다가 지루해지고 짜증이 나서 귀담아듣지 않는다. 그저 빨리 그와 헤어지고 싶을 뿐이다. 헤어진 뒤에는 당연히 그를 좋게 평가하지 않는다. 결국 그의 자기과시는 아무런 성과를 얻지 못하는 결과를 낳는다.

말이 많은 사람은 그만큼 실언失言도 많다. 말이 많다 보면 함부로 하는 말도 많으니 말실수를 피하기 어렵다. 주도적으로 말을 많이 하려다 보면 자기 이야기뿐만 아니라 그 자리에 없는 다른 사람의 이야기도 하게 된다. 서슴없이 다른 사람을 비난하고 험담하는가 하면 자신을 과시하고 싶은 욕구에서 자기만 알고 있다는 듯 다른 사람의 비밀까지 발설한다.

이처럼 하지 말아야 할 이야기까지 함으로써 여기저기서 비난을 받고 말조심해야 할 상대로 낙인찍혀 따돌림을 당하기도 한다. 그뿐인가. 신뢰와 신용도 잃게 되어 사회생활을 원만하게 해나가는 데 어려움을 겪기도 한다.

그다음, 말이 너무 많은 사람은 보편적으로 욕구불만이 많다. 자신이 갖고 있는 온갖 불만을 말로 해소하는 것이다. 그가 하는 많은 말을 들어야 하는 상대방은 어찌 보면 그가 가진 욕구불만을 해소하는 도구에 불과할 따름이다. 주변 사람들이 그를 피하는 것은 자업자득이다.

한 가지 덧붙일 것은, 말이 너무 많은 사람은 주변에서 호감을 받지 못하기 때문에 인간관계가 원만하지 못하다. 인간관계가 원만하지 못하면 생계유지에도 악영향을 미친다. 주변 사람들의 도움을 받지 못하니까 마침내 무리한 행동을 하게 된다.

물론 말이 너무 많다고 해서 모두 그런 것은 아니지만 말이 너무 많은 것은 바람직하지 않다. 되도록 필요한 말, 진실한 말을 하고 말을 많이 하기보다 상대방이 더 많이 말을 하는 분위기를 만들어 경청하는 대화의 지혜가 필요하다.

말을 잘하는 사람은 말이 많은 사람과 사뭇 다르다. 말을 잘하는 사람은 말을 필요 이상으로 많이 하지 않는다. 그 대신 그 누구라도 모두 공감하고 동조할 수 있는 꼭 필요한 말을 자신 있게 한다.

앞서 설명했듯이 말을 잘하는 사람은 대부분 지식과 정보가 남들보다 풍부하고 경험이 많다. 그래서 말 잘하는 사람은 똑똑한 사람이라고 한다. 아는 것이 많으니까 똑똑하고, 똑똑하니까 분별력과 판단력이 뛰어나다. 분별력과 판단력이 뛰어나니까 편견과 자기 고집이 적고 균형 잡힌 말을 구사하여 공감을 얻는다.

'분별력이 없을 때 편견이 강하다'는 말이 있다. 우리 사회는 지금 오직 자기만 옳다는 심각한 편견으로 몸살을 앓고 있다. 말을 잘하는 사람은 목소리가 좋아서 잘하는 것도 아니고, 웅변을 잘해서 잘하는 것도 아니다. 카리스마 있고 유창하고 조리 있게 논리적으로 말을 해서 말을 잘한다는 평가를 받는 것이 아니다. 타당성 있는 말, 합리적인 말, 누구나 공감할 수 있는 편견 없는 말을 하기 때문에 말을 잘한다고 인정받는 것이다.

말을 잘하려면 어떡해야 할까? 답은 간단하다. 많이 알아야 한다. 학식이 풍부하고 경험이 많아야 한다. 교수나 교사처럼 남을 가르치는 사람들은 더러 말솜씨가 어눌한 사람도 있지만 대체적으로 말을 잘한다. 왜 그럴까? 학식과 경험이 풍부하고 교양이 있기 때문이다. 따라서 말을 잘하려면 남들보다 더 노력하며 끊임없이 배우고 익혀야 한다.

과거 원시인류는 수명이 무척 짧아 30년 정도가 고작이었다. 남자든 여자든 후손을 생산할 능력이 있을 만큼만 살았다. 그러나 진화 과정에서 인류의 수명은 점점 길어져 아무런 능력이나 노동력이 없는 노인들이 생겨났다. 왜 수명이 점점 길어졌을까?

이유는 간단하다. 아직 모든 것이 미숙하고 부족한 젊은 이들에게 풍부한 지식과 정보와 경험을 전달하기 위해서였다. 수렵과 채집을 하며 끊임없이 이동하는 생활에서 어느 쪽으로 가야 안전하고 먹을거리가 풍부한지 관련 지식과 정보와 경험은 생존을 좌우하는 필수적인 삶의 수단이었다. 노인들이 그것을 담당했기에 인류는 성공적으로 번성할 수 있었다.

지능이 남들보다 크게 떨어지는 바보가 말 잘하는 것을 본 적이 있는가? 말을 잘하는 노하우는 의외로 간단하다. 무엇이든 끊임없이 배워야 말을 잘할 수 있다. 많이 알아야 말을 잘한다.

감성지수가
높은 사람이

말을 잘한다

감성지수EQ, emotional quotient란 지능지수IQ, intelligence quotient와 대비되는 개념으로 외부의 자극에 의해 어떤 느낌이 일어나는 것을 척도로 표시한 것이다. 가끔 감정과 감성을 혼동하는 경우가 있는데 분명한 차이가 있다. 감정은 인간의 내부에서 일어나는 느낌인 반면 감성은 외부의 어떤 사물과 상호작용하여 일어나는 자극이나 반응과 같은 느낌이다.

감정은 기쁨, 슬픔, 놀라움, 화, 공포의 다섯 가지 기본 감정을 바탕으로 기쁘다, 슬프다, 즐겁다, 신난다, 화가 난다, 무섭다 등과 같이 자신의 내부에서 일어나는 감정이다. 그것과 달리 감성은 어떤 사물이나 상황과 마주했을 때 예쁘다, 귀엽다, 매력 있다, 멋있다 등과 같이 외부의 자극에 의해 일어나는 것이 특징이다.

지능지수가 능력의 상징이듯이 감성지수도 능력이다. 감성과 비슷한 말로는 감수성이 있다. 외부 세계의 자극을 받아들이고 느끼는 성질이 감수성이다. 어떤 사람을 가리켜 감성지수가 높다, 감성이 풍부하다, 감수성이 풍부하다고 하면 그 사람을 긍정적으로 평가하는 것이다. 서양의 저명한 행동심리학자는 인간의 총명함을 결정하는 데 지능지수보다 감성지수가 더 크게 작용한다고 했다.

전문가들은 감성지수가 높은 사람은 자기 느낌을 거짓 없이 솔직하게 말하고, 그것을 판단하고 받아들이는 능력이 있으며, 적절한 정서 표현이 뛰어나다고 한다. 또한 불안·분노·충동을 잘 조절하며, 위기나 궁지에 몰려서도 위축되기보다 낙관적으로 잘 대처해나간다고 한다.

그뿐 아니라 다른 사람을 배려하고 공감하는 능력이 있으며, 다른 구성원들과 협동하는 사회성도 뛰어나다고 한다. 지능지수는 높지만 감성지수가 낮으면 가정이나 사회에서 물의를 일으키지만, 지능지수가 낮더라도 감성지수가 높으면 원만한 사회생활을 할 수 있다고 한다.

그러한 장점들 때문인지 전문가들은 감성지수가 높고 감성이 풍부한 사람이 말도 잘한다고 주장한다. 그냥 쉽게 생각해보면 남자보다 여자가 더 말도 많이 하고 말이 빠르고 말을 잘한다. 부부나 연인이 서로 다툼을 벌이면 남자들은 여자의 말을 당하지 못한다. 남자보다 여자가 감성이 풍부하기 때문일 것이다.

감성지수는 '마음의 지능지수'라고 말하기도 한다. 지능지수가 높은 사람은 머리로 상황을 판단하지만 감성지수가 높은 사람은 가슴으로 판단하고 받아들이기 때문이다. 그렇게 보면 감성이 풍부한 사람들이 상대방의 마음을 잘 읽고 배려하고 그의 상황에 공감하기 때문에 말도 잘하고 긍정적으로 대화를 이끌어갈 수 있을 것이다.

말을 잘한다는 것은 말을 청산유수처럼 매끄럽고 유창하게 이어가는 것이 아니다. 자신의 감정을 잘 조절하며 상대방을 존중하고, 상대방의 입장을 이해하고 배려하여 대화를 긍정적으로 원만하게 이끌어가는 사람이 말을 잘하는 사람이다. 그렇기 때문에 상대방과 소통이 잘 이루어져 공감을 이끌어내는 것이다. 감성이 풍부한 사람이 바로 그런 사람이다.

말을 잘하고 싶다면 감성을 풍부하게 키우는 노력이 필요하다. 감성이나 감수성은 타고난 성품이기도 하지만 후천적인 노력으로도 얼마든지 개선이 가능하다.

그러한 노력의 첫걸음은 무엇보다 긍정적 마인드를 갖는 것이다. 나의 여건이나 환경, 현실적인 상황을 긍정적으로 받아들이며 수용하는 자세가 필요하다. 또한 작은 것에도 감사하며 항상 웃는 얼굴로 모든 일에 "고맙습니다.", "감사합니다."라고 진심으로 말할 수 있어야 한다.

상대방의 슬픔이나 불행을 진정으로 가슴 아파하며 위로하는 것도 감성이며, 잘못이나 실수가 있을 때 모두 내 탓으로 생각하고 앞장서서 책임지는 것도 감성이다. 어떤 전문가는 아무런 대가를 바라지 않고 헌신적으로 자식을 사랑하는 모성애가 대표적인 감성이라고 말한다.

감성과 감수성이 풍부한 사람은 감정의 기복이 심해 우울증, 조울증, 공황장애와 같은 정신질환에 취약하다고 하지만 긍정적 마인드를 향상시키면 극복이 가능하다. 감수성이 너무 예민해서 하찮은 일에도 잘 토라지는 경우도 있지만 그 또한 자신에게 내재된 능력인 감정 조절을 잘하면 충분히 개선할 수 있다.

보편적으로 이기심이 강한 사람이나 자기중심적인 사람은 지능지수가 높고 똑똑할 수는 있지만 대개 감성지수가 낮다. 모든 것을 자신에게 득이 되는지 손해가 되는지 자기중심적으로 생각하고 판단해서 말하고 행동하기 때문에 타인에 대한 배려가 크게 부족하고 타인의 입장은 전혀 생각하지 않는다.

이런 사람은 누군가에게 "당신은 너무 이기적이고 자기중심적이야."라는 지적을 받으면 "내가 아니라 당신이 이기적이야." 하며 벌컥 화를 낸다. 자기중심으로 생각하기 때문에 자기 마음에 들지 않게 말하고 행동하는 사람을 오히려 이기적이라고 하는 것이다. 이기심을 버리면 버릴수록 그만큼 감성으로 채워진다는 사실을 잊지 말자.

넌 왜 그렇게

말주변이
없니

종편 방송에 탈북자들이 출연하는 프로그램이 있다. 이
런 프로그램을 보면서 필자가 늘 느끼는 것은 탈북자들이
남녀노소 가릴 것 없이 모두 말을 조리 있게 아주 잘한다는
것이다.

죽음을 무릅쓴 탈북과 우리나라에 오기까지 겪은 그 험
난한 역경은 며칠 동안 이야기해도 시간이 모자랄 것이다. 그
런데 그것을 요약해서 간결하면서도 누구나 공감하게 말하
는 것을 보며 자주 놀라곤 했다. 내 나름대로 그 까닭을 곰
곰이 생각해보니, 그들이 북한에서 생활할 때 이른바 '생활총

화'니 '상호비판'이니 하는 모임에서 토론을 많이 했기 때문이 아닐까 하는 생각이 들었다.

누구나 말을 잘하는 것은 아니다. 말을 아주 잘하는 사람도 있고 말을 못하는 사람도 있기 마련이다. 말을 잘 못하거나 말투가 어눌한 사람은 때때로 "넌 왜 그렇게 말주변이 없니?" 하는 핀잔을 듣기도 한다. 정말 말주변이 없는 사람들이 적지 않다.

'말주변'이란 사전적으로 '말을 요령 있게 하거나 이리저리 잘 둘러대는 재주'를 뜻한다. 쉽게 이야기해서, 말을 요령 있게 못하거나 임기응변에 약한 사람이 말주변이 없는 사람이다. 말주변이 없으면 자신의 의사를 제대로 표현하기 어렵기 때문에 사회생활을 해나가는 데 마이너스 요인으로 작용하기도 한다.

말주변이 없는 사람의 특징을 대략 손꼽아보면 다음과 같다.

- 말이 어눌할 때
- 상대방의 말에 즉시 반응하지 못할 때

- 말에 조리가 없고 논리적이지 않을 때
- 무슨 말을 하는지 상대방이 이해하기 어려울 때
- 말의 핵심이 뚜렷하지 않고 산만할 때
- 말의 마무리가 분명치 않고 흐지부지 끝낼 때
- 말끝마다 '같아요'라고 할 때

제시한 사항들을 좀 더 구체적으로 살펴보자.

말이 어눌한 사람은 혀를 비롯한 구강구조나 발음에 선천적인 문제가 있을 것이다. 하지만 그보다 감수성이 부족한 것도 원인일 수 있다. 상대방의 말에 즉시 반응하지 못하는 것도 마찬가지다. 감수성이 부족해서 맞대응할 말이 머릿속에 곧바로 떠오르지 않기 때문에 말을 더듬고 어물어물하게 되는 것이다. 또 순발력이 떨어져도 말을 할 때 뜸을 들이게 된다.

요즘 젊은 세대들은 자기 생각을 표현하는 데 적극적이지만 안타깝게도 말을 잘하지는 못한다. 자기 생각을 표현하더라도 말에 조리가 없고 논리적이지 않다. 모두 그런 것은 아니지만 대체적으로 그렇다. 왜 그럴까? 무엇보다 공교육의 책임이 크다. 우리나라의 공교육은 주입식 교육이다. 교사가 일방적으로 가르치는 것을 무조건 머릿속에 넣고 암기해야 하는 일방적인 교육이다. 학생들은 질문할 기회도 거의 없고 토론은 꿈도 꾸지 못한다.

모든 수업이 입 다물고 앉아서 교사의 말을 듣기만 하고 질문도 토론도 없으니 말을 잘할 수가 없다. 외국인들이 인터뷰하는 것을 보라. 한결같이 말을 잘한다. 말이 간결하면서도 핵심을 조리 있게 잘 표현한다. 하지만 우리 젊은 세대들은 토론의 경험이 없는 탓에 논리적인 표현, 자기 생각을 간결하게 정리해서 조리 있게 표현하는 능력이 크게 떨어진다.

말이 두서없이 이리저리 오가고 논리라고는 없으니 무슨 말을 하는지 상대방이 이해하기 어렵다. 대화의 핵심에서 자꾸 벗어나니까 말이 산만해질 수밖에 없다. 더욱이 청소년이나 젊은이들과 이야기를 해보면 대부분 말의 끝맺음이 분명하지 않다.

어떤 글이든 글은 어휘, 문장, 문단 등으로 나누어진다. 어휘가 모여서 하나의 문장이 되고, 문장이 모여서 문단이 된다. 문장이나 문단들은 서로 문맥이 논리적으로 이어져야 한다. 우리의 대화도 그렇다. 문장이 대개 '~다'로 끝나듯이 말도 마냥 이어지는 것이 아니라 '~습니다' '~거든요' 등으로 끊으며 이어간다. 그러한 끝맺음이 있어야 하는데 흐지부지 어물어물 끝내는 경우가 많다. 그러다 보니 말하고자 하는 의도를 상대방이 정확히 파악하기 어렵다.

'같아요 증후군'이라는 신조어를 들어봤을 것이다. 무슨 말이든 '~같아요'로 끝내는 것을 꼬집는 말이다. 물론 '~같아요'로 끝내야 할 상황도 있지만 그렇지 않을 때 '~같아요'로 끝내는 것이 문제다.

날씨가 잔뜩 흐렸으면 "비가 올 것 같아요."라고 말하는 것이 맞다. 하지만 "슬플 것 같아요.", "점심 먹은 것 같아요."가 말이 되는가? 슬프면 '슬퍼요'라고 말해야 하고, 점심을 먹었으면 '먹었어요'라고 말해야 한다. 그럼 왜 말끝마다 '같아요'로 끝내는 걸까? 그것은 자기가 한 말에 자신감과 확신이 없기 때문이다.

지적한 것처럼 말과 대화에 여러 가지 문제점이 있는 사람을 가리켜 말주변이 없다고 한다. 말주변을 향상시키려면 어떡해야 할까?

무엇보다 생각을 정리하는 능력을 키워야 한다. 대화할 때 말을 더듬거나 어물거리지 않으려면 대화에 앞서 자신의 생각을 간결하게 논리적으로 정리할 필요가 있다. 그러면 간결하게 요점과 핵심을 상대방에게 분명하게 전달할 수 있다.

한때 논리성이 사회적 이슈가 된 적이 있었다. 방송에서도 〈논리야 놀자〉와 같은 프로그램들을 내보내며 논리의 중요성을 강조했다. 말주변을 향상시키려면 논리성부터 개선해나가야 한다.

자기주장을 정확하게 펼치지 못해 말주변이 없다는 지적을 받는 사람은 평소에 관심 있는 분야의 토론회나 세미나에 자주 참석하고 TV 토론 프로그램을 열심히 시청하며 사람들이 자신의 견해를 어떻게 요령 있게 표현하는지 보고 배우는 것도 큰 도움이 된다.

아울러 독서를 통해 지식과 경험을 늘려야 한다. 연극이나 영화 관람, 드라마 시청도 도움이 된다. 극예술은 대화가 80%를 차지하기 때문에 어떤 상황에서 어떻게 말하는지 주의 깊게 듣다 보면 말솜씨가 늘어난다.

또 한 가지 꼭 필요한 것은 감성을 키우는 일이다. 대화는 말과 함께 감정까지 상대방에게 전달하는 소통의 수단이다. 감성이 풍부하면 말도 잘하게 된다.

내가 하는 말은
왜 자꾸
오해를 받을까

사람들은 누구나 자신과 가까운 사람, 직장의 상사나 부하, 비즈니스와 관련된 사람들과 자주 대화를 한다. 그런데 이상하게도 내가 하는 말을 잘 알아듣지 못하거나 진의와 달리 엉뚱하게 오해하는 경우가 있다. 그 때문에 불편했던 경험을 한 사람들이 있을 것이다. 왜 내가 하는 말은 자주 오해를 받을까.

발음이 좋지 않거나 사투리가 심하면 잘 알아들을 수 없다. 성대와 구강구조에 선천적인 문제가 있어 발음이 좋지 않을 수 있고, 지방에서만 쓰는 토속적인 어휘는 알아듣지 못할 수 있다. 성량과 목소리의 높낮이도 영향이 있다. 너무 낮은 소리로 속삭이듯 말하거나 몹시 쉰 목소리로 말하면 제대로 알아듣기 힘들다. 이럴 때는 자문을 받아 발음을 교정하고 말할 때의 호흡도 바꿔보자. 시간과 노력을 투자하면 충분히 개선이 가능하다.

상대방이 내가 하는 말을 잘 이해하지 못하는 경우는 표현력에 문제가 있기 때문이다. 너무 추상적이고 관념적인 표현, 지나치게 전문적인 표현, 우회적인 표현은 상대방이 이해하기 어렵다. 앞서 설명한 대로 논리성도 중요하다. 논리적이지 않은 말도 듣는 사람이 이해하기 어렵다.

말끝을 어물어물 흐리거나 의문으로 끝내는 말투, 자신 없이 몹시 조심스럽게 말하거나 불확실한 표현도 문제이다. 그러면 대화의 주제와 핵심을 놓치기도 하고 산만해져 원만한 대화가 이루어지기 어렵다.

내가 하는 말의 진정한 의도를 모르고 상대방이 자꾸 오해하는 것은 대화 과정에서 전달하는 방법에 문제가 있기 때문이다. 대화는 오로지 상대방과 말을 주고받는 것이 아니다. 그렇다면 휴대폰이나 SNS를 통한 문자 교환과 크게 다를 바

없다. 대화는 말을 통해 상대방에게 자신의 의사를 전달하고 상대방의 의사를 듣는 소통의 수단이기도 하지만 감정 표현의 수단이기도 하다. 감정 표현이야말로 대화의 핵심 요소다. 상대방과 얼굴을 마주 보고 말을 주고받으면서 서로의 표정 변화를 읽을 수 있고 서로의 감정을 느낄 수 있다.

이러한 감정의 교감이 전달하는 말과 조화를 이룰 때 서로의 생각이 어떤지 제대로 파악할 수 있다. 상대방이 나에게 따지고 추궁하듯 몰아붙이고 나서 곧바로 미소를 지으면 그의 추궁이 심각하지 않다는 것을 쉽게 느낄 것이다. 말과 감정을 함께 전달하기 때문이다.

내가 하는 말과 내가 드러낸 감정이 서로 어긋나면 상대방은 혼란스럽다. 웃으면서 막말과 욕설을 해보라. 상대방은 내가 정말 화가 난 것인지, 비아냥거리는 것인지, 농담을 하는 것인지 좀처럼 구별하기 어렵다.

상대방에게서 기쁜 소식을 듣고는 심각한 표정으로 "야, 축하한다. 정말 잘됐다."라고 한다면 정말 기쁜 마음으로 축하해주는 것인지, 달갑지 않으면서 그냥 입으로만 축하한다는 말을 하는 것인지 구별하기 힘들다. 이처럼 말과 감정이 일치하지 않으면 상대방이 혼란스러워 진의를 제대로 파악하지 못하고 오해할 수 있다. 당연히 말과 감정은 일치해야 한다.

내가 하는 말이 자꾸 오해를 받는다면 그 원인은 상대방이 아니라 나에게 있다. 물론 상대방이 판단력이 부족해서 잘 이해를 못하고 오해하는 경우도 있지만 근본적으로는 나에게 문제가 있는 것이다. 결국 내가 하는 말이나 표현에 어떤 문제가 있는지, 그 원인을 알아내서 개선하는 노력이 필요하다. 내 생각과 감정을 상대방에게 정확하게 전달하지 못한다면 그 대화는 의미 없는 대화가 되고 만다.

왜

째려?

○

시대를 막론하고 사회의 변화를 이끌어내는 것은 젊은 세대들이다. 젊은 세대는 체질적으로 저항과 반항심이 강하고 용기와 모험심이 충만하여 현실에 안주하지 않고 미래를 위해 새롭고 획기적인 변화를 추구한다. 우리나라가 민주화를 이룩한 것도 젊은 세대들이 앞장서서 불합리한 시대 상황에 과감하게 맞섰기 때문이다.

우리나라만 그런 것이 아니다. 제2차 세계대전 이후 잿더미가 된 유럽의 수많은 젊은이들은 일자리가 없어서 방황했다. 그러나 그들은 곧 체념하지 않고 암울한 시대에 저항했다. 당시의 젊은이들을 '앵그리 영맨Angry Youngman'이라고 부른

것도 그 까닭이다. '분노하는 젊은이'로 표현되는 이들이 앞장서서 유럽의 변화를 이끌었다. 오늘날 대부분의 유럽 국가들이 강국이 되고 경제적으로 안정되어 국민들이 여유 있는 삶을 영위하게 된 것은 이들 젊은이들의 힘이었다.

지금 우리나라의 많은 젊은이들이 큰 고통을 겪고 있다. 그 이유가 무엇이든 사회는 혼란스럽고 현실은 더 없이 불안하며 미래는 불확실하다. 취업은 하늘의 별따기보다 어렵다. 미래에 대한 설계조차 불가능해서, 통계에 따르면 20~34세 젊은이의 57%가 부모에게 얹혀사는 이른바 '캥거루족'이다. 연애, 결혼, 출산을 비롯해 모든 것을 포기하는 좌절과 체념, 자포자기의 삶을 이어가고 있는 실정이다. 이들의 마음이 편할 리 없다. 쌓여가는 것은 욕구불만과 분노뿐이다. 많은 젊은이들이 그야말로 악에 받쳐 있다고 해도 과언이 아니다. 슬쩍 건드리기만 해도 참고 있는 울분이 한순간에 폭발할 지경에 있다.

안타깝게도 이렇게 잔뜩 짓눌린 감정이 청소년들에게도 전염되고 있다. 오로지 성적지상주의와 입시 위주의의 왜곡된 교육으로 강박관념에 사로잡혀 있는 청소년들의 탈선이 갈수록 심각해지고 있는 것이다. 약자에 대한 배려가 전혀 없는 왕따와 폭력행위는 제쳐놓더라도 각종 성범죄를 비롯해서 어른들의 범죄를 모방한 강력범죄까지 서슴없이 자행하고 있다.

얼마 전 필자가 사는 아파트 근처에서 청소년들이 한 학생을 집단폭행하는 것을 보고 아파트 주민 한 사람이 말리려고 다가갔다가 오히려 폭행을 당하는 일이 있었다. 지나가던 행인이 벤치에서 교복을 입은 채 버젓이 담배를 피우고 있는 남학생을 못마땅하게 쳐다봤더니 당장 "왜 째려?" 하며 어른에게 시비를 걸더라는 이야기도 들었다. 큰길을 걸어가던 젊은이가 마주 오는 젊은이와 어깨를 부딪치자 멈칫하며 그들을 쳐다봤더니 "왜 째려?" 하며 가차 없이 폭력을 휘둘러 중상을 입는 사건이 발생하기도 했다.

"왜 째려?"도 대화의 시작이다. 하지만 정상적인 대화라기보다 시비를 거는 것이다. 상대방이 노려보면서 첫말이 "왜 째려?" 하고 도발적으로 나오면 이미 감정이 격앙돼 있어 폭발시킬 기회를 잡으려는 것이다. 상대방이 그렇게 거친 말을 꺼내는데 좋은 말로 응대할 리 없다. 잘해야 "내가 언제 째려봤어?" 하거나 "뭐야? 당신 지금 나한테 시비 거는 거야?" 하며 맞대응하는 것이 보통이다. 그것은 상대방에게 감정을 폭발시킬 구실을 만들어줘 결국 싸움이 일어날 수밖에 없다.

그러면 상대방이 의도적으로 도발을 할 때는 어떡해야 할까?

상대방이 나이가 많든 적든, 나에게 잘못이 있든 없든 일단 "미안합니다.", "죄송합니다." 하고 사과부터 하는 것이 최선이다. 그런데 그것으로 상황이 끝나지 않고 상대방이 집요하게 트집을 잡고 공격적으로 나올 때가 있다.

그럴 때 참지 못하고 맞대응을 하면 상대방의 수작에 말려드는 것이다. 상대방이 더욱 거칠게 나오면 다시 머리 숙여 "정말 죄송합니다. 절대로 째려보지 않았습니다. 우연히 시선이 그쪽으로 간 것뿐인데 불쾌했다면 용서하십시오." 하며 되도록 짧게 거듭 사과하는 것이 좋다. 계속해서 사과하면 상대방도 차츰 도발적인 태도를 누그러뜨리게 된다.

맞대응을 하면 아무 잘못이 없으면서도 큰 봉변을 당하기 쉽다. '똥이 무서워서 피하는 것이 아니라 더러워서 피한다'는 말이 있다. 내가 잘못해서 충돌을 피하는 것이 아니라, 상대방에게 폭력을 행사할 구실을 주지 않기 위해 무조건 사과하는 것이다. 그것은 인격이나 자존심과는 아무런 상관이 없다.

영화에서 만나는
설득의 힘

감동을 주는 좋은 영화들에는 우리의 삶에 교훈을 주고 공감하게 하는 설득력이 있다. 그러한 영화들을 통해 삶의 지혜를 얻는다면 인생에 큰 도움이 된다. 우리의 고개를 끄덕이게 하는 몇몇 영화의 명대사들을 살펴보자.

- 지금 이 순간을 놓치지 마라. 이 순간을 즐겨라. 오늘을 즐겨라. 자신의 인생을 헛되이 낭비하지 마라.   — 죽은 시인의 사회
- 그 누구도 아닌 자기 걸음으로 걸어라. 나는 특별하다는 것을 믿어라. 누구나 몰려가는 줄에 설 필요가 없다. 자기만의 걸음으로 자기 길을 가라.   — 죽은 시인의 사회
- 모든 사람은 일생에 한 번 무지개 같은 사람을 만난단다. 네가 그런 사람을 만났을 때 더 이상 비교할 수 있는 것이 없단다.   — 플립
- 네가 옳아. 지지 않고는 챔피언이 될 수 없어.   — 밀리언달러 베이비
- 한 사람을 구한 자, 세계를 구한 것이다.   — 쉰들러 리스트
- 어느 시대든 그 시대를 지배하는 주된 사고방식이 있다. 우리는 그 사고방식에 도전할 수는 있어도 거부하기는 어렵다.   — 이별의 길

그런데
왜
화를 내세요?

가깝게 지내는 후배 작가가 있다. 어쩌다 그녀를 만나 마주 앉아서 대화를 하거나 통화를 할 때 자주 듣는 말이 "그런데 왜 화를 내세요?"였다. 선입견이 심하고, 자신의 판단은 무조건 옳으며, 잘못은 모두 남 탓이고, 온갖 불만이 가득 찬 사람인지라 대화할 때는 항상 조심한다.

하지만 그녀가 무언가 오해를 하고 있거나 독선적인 판단의 오류를 어쩔 수 없이 지적하려면 설명이 필요하고 어조가 강해질 수밖에 없다. 그러면 묵묵히 듣고 있다가 느닷없이 나오는 대꾸가 "그런데 왜 화를 내세요?"이다. 말하는 사람으로서는 결코 화를 내는 것이 아닌데 그렇게 어처구니없는 대꾸를 하면 할 말이 없다. 결코 화를 내는 게 아니라고 설명해도 소용없다.

그녀가 상대방이 화를 냈다고 판단하면 그녀에게는 하늘이 무너져도 화를 낸 것이다. 당연히 대화가 단절된다. 말하는 사람의 입장에서는 정나미가 떨어지고 존중받지 못하는 느낌을 받게 된다.

필자만 그런 것이 아니다. 주변 사람들에게 들어봐도 그녀는 대학 시절부터 편견이 심하고 융통성이나 친화력이 없으며 자기는 무조건 옳다는 독선이 심해 선배나 동기들로부터 사회성이 부족하다는 지적을 많이 받았다고 했다.

상대방과 나누는 대화가 순조롭게 이어지지 못하고 단절되는 데는 여러 경우가 있다. 대화의 주제에 대한 나의 견해를 상대방이 강력하게 반발할 때, 서로 주장을 굽히지 않을 때, 몹시 화내거나 욕을 할 때, 대화의 의도가 서로 어긋날 때, "왜 화를 내세요?"와 같이 엉뚱하고 어이없는 대꾸를 할 때, 상대방이 무시할 때, 말을 가로막고 혼자 떠들 때, 터무니없이 일방적으로 나무랄 때, 내가 하는 말에 상대방이 전혀 관심이 없을 때 등이 그러한 경우다.

이런 경우에는 대화가 단절될 뿐 아니라 서로 좋지 않은 감정을 갖게 된다. 그리고 부정적인 감정은 오래간다. 대화를 원만하게 이어가고 소통하려면 상대방의 공감을 이끌어내거나 나와 생각이 다르더라도 상대방을 존중해야 한다. 그러기 위해서는 앞에서 밝힌 대화의 단절 요인들을 만들지 말아야 한다.

대화의 단절 요인들을 여러 가지 제시했지만 살펴보면 결코 복잡하지 않다. 나만 옳고 정의인 것처럼 이기적이고 독선적인 태도, 상대방을 인정하지 않는 우월적인 태도 때문에 대화가 원만하게 이어지지 못하는 것이다.

대화는 혼자 말하는 것이 아니다. 어떤 형태로든 반드시 상대방이 있는 것이 대화이다. 상대방을 존중하고 눈높이를 맞추지 않고는 진정한 대화가 어렵다. 자기주장만 내세우고 자기만 옳다는 그릇된 사고방식으로 어떻게 상대방과 소통하고 공감을 이끌어낼 수 있겠는가?

인간관계의 기본이며 대화의 기본은 '역지사지易地思之'라고 할 수 있다. 내 주장과 고집을 내세우기에 앞서 상대방의 처지와 입장에서 생각해보라는 뜻이다. 자주 만나는 가깝고 허물없는 친구나 동료, 일가친척끼리라면 대화에 순서가 없고 농담도 주고받으며 자유롭고 편하게 이야기할 수 있다. 하지만 상대방과 단둘이 만나거나 대화에 어떤 목적이 있다면 반드시 상대방의 입장을 먼저 생각해야 한다. 그것이 대화의 예의이며 요령이다.

내가 많은 말을 하기보다는 상대방이 더 많은 말을 할 수 있도록, 먼저 말할 수 있도록 기회를 주는 것이 훨씬 효과적이다. 아울러 상대방의 상황이나 입장을 먼저 생각하고 존중하며 그것에 맞춰 대화를 자연스럽게 유도해야 바라는 성과를 얻을 수 있다.

이를테면 친구에게 급히 돈을 빌려야 한다면 무턱대고 "야, 너 100만 원만 빌려줘." 하는 것보다 "어머니가 퇴원을 하셔야 하는데 병원비가 좀 모자라거든." 하면 친구는 단번에 돈을 빌리려고 한다는 것을 알아차린다. 그리고 "얼마가 모자라는데?" 하고 묻는다.

그럴 때 "100만 원이 부족해." 하고 말하면 친구가 먼저 빌려줄 가능성 여부를 이야기한다. 빌려줄 수 있다고 하면 아무리 가까운 친구라도 감사의 뜻을 전하고, 혹시 거절당하더라도 "괜찮아. 부탁할 데가 또 있거든. 전혀 부담 갖지 마."라고 말해 친구의 마음을 편하게 해줘야 원만한 인간관계가 지속된다.

통화를 할 때 먼저 전화를 건 쪽에서 상대방에게 "지금 잠깐 통화할 수 있어?", "통화 괜찮겠습니까?" 하고 묻는 것도 상대방에 대한 존중과 배려다. 상대방이 지금 어떤 상황에 있는지 모르기 때문에 상대방의 의사를 먼저 묻는 것이 예의다.

또한 상대방이 한 명이든 여러 명이든 함께 대화할 때 미소를 짓거나 부드러운 표정으로 되도록 편하고 재미있게 이야기해야 좋은 분위기에서 원만한 대화가 이어진다. 그렇다고 해서 억지로 웃기려 하거나 과장해서 이야기하면 오히려 역효과다. 재미있게 이야기하면 상대방도 "그런데 왜 화를 내세요?"와 같은 자기중심적이고 어이없는 말은 하지 않는다.

"그 자식
말이야……"의

심리

대화를 하다 보면 마주 보는 상대방에 대한 이야기만 하지는 않는다. 상황에 따라서 그 자리에 없는 다른 사람 이야기도 자주 하게 된다. 사실 다른 사람에 대한 이야기가 부담도 없을 뿐 아니라 훨씬 재미있을 수 있다. 그 자리에 없으니까 부담 없이 이런저런 이야기를 마음 놓고 할 수 있다. 하지만 남 이야기는 함부로 하지 않는 것이 좋다. 자칫하면 구설에 휘말리기 십상이다.

수많은 인간들이 이런저런 인연으로 서로 얽혀 더불어 살아가는 사회에서 남의 말을 안 하고 살 수는 없다. 당사자가 없는 자리에서 가족에 대한 이야기도 할 수 있고, 이웃에 대한 이야기도 할 수 있고, 친구나 동료에 대한 이야기도 할 수 있다.

다른 사람에 대해서 이야기한다고 꼭 나쁜 말만 하는 것은 아니다. 그 사람을 칭찬할 수도 있고, 그가 잘되기를 바랄 수도 있으며, 그의 시련이나 고통을 진심으로 걱정할 수도 있다. 다른 사람에 대한 이야기를 함으로써 그에 대한 새로운 정보를 얻을 수도 있고 그에게 도움을 줄 방안을 의논할 수도 있다.

그러나 "그 자식 말이야……" 하며 꺼내는 남의 이야기는 특정한 인물의 단점과 결점을 지적하거나 험담하고 비난하는 경우가 아주 많다. 당사자가 없는 자리에서 누군가의 험담을 하는 것을 이른바 '뒷담화'라고 한다. 사실 대화를 할 때 마주 보고 있는 사람끼리 험한 말은 하기 어렵다. 하지만 남의 이야기는 아주 쉽게 할 수 있다. 그 자리에 없으니 별 부담 없이 평소 불만스러웠던 점, 결점, 문제점들을 서슴없이 지적한다. 하지만 이런 험담은 속이 후련해질 수는 있겠지만 대인관계에 악영향을 줄 뿐이다.

인간은 저마다 다양한 인생관과 가치관을 가지고 살아간다. 그처럼 다양한 인생관이나 가치관이 나와 다르다고 해서 비난하고 험담하는 것은 타당성이 전혀 없다. 요즘 문제가 되고 있는 '나의 생각은 모두 옳다'라는 이기적인 독선으로 나와 다른 견해는 무조건 비난하고 매도하는 행태나, 내가 믿고 싶은 것만 믿고 다른 관점들은 맹렬히 비난하는 행태도 타당성이나 객관성이 전혀 없다.

누군가의 결점과 단점을 지적하고 비난할 때는 누구나 공감할 수 있는 객관성과 타당성이 있어야 한다. 어쩔 수 없이 누군가의 단점과 결점을 지적하려면 매우 조심스러워야 하며, 대화하는 상대방이 동조해주기를 기대하기보다 "내 생각에는……" 하며 주관적인 판단임을 알릴 필요가 있다. 자칫하면 상대방까지 난처한 상황에 빠뜨릴 수 있기 때문이다.

남을 험담하면 반드시 부메랑이 되어 나에게 되돌아온다. 말이란 살아 움직이는 생물이다. 남을 비난하고 험담하면 그것으로 끝나는 것이 아니라 반드시 당사자의 귀에 들어간다. 그러면 그 당사자는 어떤 반응을 보일까? 그도 똑같이 자신을 험담한 사람을 비난하고 험담할 것은 자명한 이치다.

인간이라면 누구나 장점도 있고 단점도 있기 마련이다. 남의 말을 할 때는 그 사람의 장점을 강조하고 부족한 점이나 문제점은 되도록 대수롭지 않게 이야기하거나 들춰내지 않는 것이 현명하다.

서로 인생관이나 가치관이 다르기 때문에 내 생각과 같을 수는 없다. 그 사람은 그의 인생관과 가치관에 따라 살아가고 말하고 행동하는 것인데 내 생각과 다르다고 해서 그것을 반드시 단점과 결점으로 단정할 수는 없다.

편하게 하는 말로 저 잘난 맛에 사는 게 인생이다. 내가 남의 말을 함부로 하면 남들이 나를 두고 멋대로 하는 말, 터무니없는 말, 사실이 아닌 말들은 어떻게 막을 것인가. 남의 말을 함부로 해서 신뢰를 잃지 않도록 조심하라. 남의 말을 할 상황이라면 그의 장점을 내세우되 단점이나 결점은 되도록 말하지 않는 것이 현명하다. 그래야 나의 인격이 돋보이고 후환도 없다.

구차한
변명은

지금도 이해할 수 없는 그 이야기로

넌 핑계를 대고 있어 내게

그런 핑곌 대지 마

입장 바꿔 생각을 해봐

네가 지금 나라면 넌 웃을 수 있니

김건모의 히트곡 〈핑계〉의 앞 소절이다. 참으로 신기한 것
이, 아무도 가르쳐주지 않았는데도 어린아이들은 거짓말을
하고 자기 잘못을 회피하려는 핑계를 댄다. 어쩌면 거짓말이

나 핑계는 우리 인간이 타고난 본능적인 생존수단이 아닌가 하는 생각을 하게 된다.

국어사전에 거짓말은 '사실이 아닌 것을 사실인 것처럼 꾸며 대어 하는 말', 핑계는 '어떤 일을 정당화하기 위해 공연히 내세우는 구실'로 풀이하고 있다. 조금만 범위를 넓히면 핑계는 변명과 비슷하다. 우리는 핑계와 변명을 거의 같은 말로 이해한다. 사전적 의미로도 변명은 '어떤 잘못이나 실수에 대해서 이런저런 구실을 대며 까닭을 말하는 것'이다. 핑계와 거의 다를 바 없다.

인간은 누구나 어려서부터 변명에 익숙하다. 어린이들은 부모에게 꾸중을 듣고 야단을 맞을 때 이런저런 핑계를 대며 변명한다. 학생이 되면 숙제를 왜 못했는지, 왜 지각했는지, 왜 결석했는지 변명해야 할 일들이 많다. 학업 성적이 좋지 않아도 부모에게 변명해야 한다.

직장에서도 마찬가지다. 이래서 지각했고, 저래서 결근했고, 또 다른 이유로 업무 실적이 부진했다고 변명한다. 나이 30세가 훨씬 넘어서도 미혼이면 왜 아직 결혼을 못했는지 변명해야 하고, 비혼이나 독신은 왜 결혼을 안 하고 혼자 살려고 하는지 변명해야 할 경우가 많다. 결혼한 사람들은 귀가가 늦거나 외박을 했으면 거짓말이든 정말이든 그 까닭을 변명한다.

빚을 제때 못 갚아도 빌려준 사람에게 변명해야 한다. 범죄를 저질렀거나 위법행위를 했을 때도 변명한다. 되도록 자기 잘못을 축소시켜 형량이나 벌금을 줄이려는 속셈이다.

이처럼 변명은 우리의 일상생활과 떼어놓을 수 없는 밀접한 관계가 있다. 그러고 보면 변명도 대화의 한 형태라고 할 수 있다. 직접적이든 간접적이든 변명을 듣는 상대방이 있기 때문이다.

일반적으로 변명을 하는 경우는 크게 두 가지다. 하나는 내가 한 말이나 행동과 관련된 오해나 억울한 누명에 대해 변명하는 경우다. 이 경우는 변명이라기보다 '해명'이라는 표현이 더 적합하다. 또 하나는 나의 잘못이나 실수에 대해 당사자에게 변명하는 것이다. 잘못된 판단, 잘못된 행동, 말실수, 누군가에게 피해를 준 말이나 행동에 대해 변명하는 것이다.

내가 아무런 잘못이나 실수한 것이 없는데 뜻하지 않게 오해를 받거나 억울하게 누명을 쓰고 있다면 적극적으로 해명해야 한다. 정직하고 솔직하게 사실과 진실을 밝혀 억울한 혐의에서 벗어나야 한다. 내 주장이 사실이고 진실이라면 당장은 억울함에서 벗어나지 못하더라도 언젠가는 반드시 잘못이 없다는 진실이 밝혀질 것이다.

문제는 실수나 잘못으로 궁지에 몰린 상황에서 벗어나기 위한 변명이다. 앞의 경우는 변명이라기보다는 해명이지만, 이 경우는 그야말로 변명에 해당된다. 사전에서도 변명은 어떤 잘못이나 실수에 대해 이런저런 구실을 대며 위기를 모면하려고 둘러대는 말이라고 했다.

그러자면 실수했거나 잘못한 말과 행동을 과장하거나 축소해야 하고 꾸며대야 하니 필연적으로 거짓말을 할 수밖에 없다. 누구에게나 그런 경험이 있을 것이다. 하지만 꾸며댄 구실, 거짓 구실은 반드시 들통난다. 진실은 언젠가 밝혀지기 때문이다.

다급하게 꾸며댄 구실이나 거짓말이 들통나면 그것을 무마하고자 또 다른 구실을 꾸며대고 더 많은 거짓말을 해야 한다. 이러한 과정은 끝없이 되풀이된다. 그렇다고 잘못과 실수에서 벗어날 수는 없다. 오히려 그러는 동안 주변 사람들에게 회복하기 어려울 만큼 신뢰를 잃고 인격마저 형편없는 사람으로 낙인찍힌다. 그리하여 인간관계는 벼랑 끝에 서고 만다. 궁색하고 구차한 변명은 파멸로 가는 지름길이다. 잘못이나 실수를 저질렀다면 조금이라도 빨리 솔직하게 시인하고 용서를 구해야 한다. 상대방에게 손실을 끼쳤다면 보상해야 한다.

완벽한 사람은 없다. 누구나 실수할 수 있고 잘못할 수 있다. 알량한 체면을 위해 구차한 변명을 하기보다 솔직하게 시인하면 상대방이 이해하고 용서한다. 누군가 "자기 잘못을 인정하지 않고 변명만 하는 사람은 발전이 없다."는 말을 했다. 귀담아들을 만한 말이다.

극단적인
말을
삼가라

우리는 일상에서 알게 모르게 극단적인 표현을 많이 쓴다. 상대방의 인격을 요즘의 속된 말로 '개무시'하고 완전히 인간관계를 단절하려는 듯 극단적인 표현을 아무렇지 않게 내뱉는다.

"네가 인간이냐? 이 짐승만도 못한 놈아!"

"내가 다시 너를 만나면 내 성을 갈겠다."

"너 같은 놈이 친구였다는 게 부끄럽다."

"너를 갈기갈기 찢어 죽이고 싶어!"

그냥 생각나는 대로 옮겨본 이런 극단적인 표현은 이성적으로는 할 수 없는 말이다. 격한 감정을 억제하지 못할 때나 할 수 있는 말이다. 감정 조절이 안 되면 순간적으로 이성의 통제에서 벗어난다. 그리하여 앞뒤를 가리지 않고 욕설보다 더 심한 악의적이고 악랄하고 극단적인 말을 거침없이 쏟아 놓는다. 젊은 연인들 사이에서 여자가 먼저 헤어지자고 했다가 큰 피해를 보는 일이 자주 일어난다.

남자는 순간적으로 이성을 잃고 감정이 폭발해서 "뭐? 너, 죽고 싶어?", "넌 내 손에 죽어!"와 같은 극단적인 말로 윽박지르고 겁박한다. 그뿐 아니라 실제로 행동에 옮기는 충격적인 이별범죄가 끊임없이 일어난다. 이처럼 극단적인 감정 표현이 실제 범죄로 이어지는 것은 매우 흔한 일이다.

이유와 상황이 어떠하든 감정을 통제하지 못하고 상대방에게 극단적인 말을 한다면 인간관계는 끝나고 만다. 어떠한 교류나 교감도 불가능할 뿐 아니라 서로 악감정을 갖게 되고 그러한 악감정은 쉽게 해소되지 않는다.

우리의 삶에는 우여곡절이 많아서 언제 어느 때 무슨 일이 일어날지 모른다. 시련과 역경이 닥쳤을 때 극단적인 말 때문에 교류가 단절된 친구나 동료의 도움이 반드시 필요한 경우가 생길 수 있다. 그가 도움을 주고 협조해주면 틀림없이 궁지에서 벗어날 수 있음에도 선뜻 부탁하기 힘들 것이다.

극단적인 표현으로 단절된 인간관계는 정상으로 회복하려면 무척 오랜 시간이 걸린다. 끝내 회복하지 못하고 서로 외면한 채 지내는 경우도 아주 많고, 서로 원수처럼 앙숙으로 살아가는 경우도 적지 않다. 결국 극단적인 표현은 나와 상대방 모두에게 큰 손실일 뿐이다. 어떠한 경우라도 극단적인 표현은 삼가야 하는 이유가 여기에 있다.

정치나 국제적인 외교에 레토릭rhetoric이라는 표현이 자주 등장한다. '레토릭'이란 우리말로 옮기면 '수사修辭'라고 할 수 있다. 수사는 일반적으로 글쓰기에서 화려한 문체나 다소 과장되게 꾸민 미사여구를 말하며, 그것을 연구하는 학문이 수사학이다.

수사는 화법話法에서도 필수적인 기술이다. 어떠한 생각이나 의지를 특별한 방법으로 전달하려 할 때 표현과 설득에 필요한 언어의 표현기법을 가리킨다. 다시 말하면 똑같은 말이라도 좀 더 긍정적으로 표현함으로써 좋은 효과를 얻고자 할 때 필요한 말하기 기술이다.

외교 관계는 더욱 그러하다. 국제 외교무대에서 성명을 내고 오가는 말은 거의 모두 레토릭 기법에 기초를 두고 있다. 어떠한 경우에도 자극적이고 극단적인 표현을 쓰지 않고 유감이다, 있어서는 안 될 일이다, 신중하게 고려하겠다는 등의 표현으로 빠져나갈 여지를 둔다. 유대관계 지속, 국제적 예의 등을 염두에 둔 원만하고 우회적인 표현을 쓰는 것이다. 이것이 레토릭이다.

레토릭 기법은 일상적인 대화에서도 필요하다. 아무리 화가 나고 순간적으로 감정 조절이 어렵더라도 상대방의 감정을 심하게 자극하는 극단적인 표현은 삼가야 한다. 이성을 잃지 말고 감정을 자제하며 우회적으로 감정을 표출해야 한다. 불쾌하고 화나는 감정을 억누르며 우회적으로 표현하는 말은 얼마든지 있다.

웃음은 건강 증진에 크게 기여하는 최고의 묘약이다. 웃음의 의학적 효과나 치료 효과는 세계적인 의학자들과 전문기관들의 지속적인 연구로 명확하게 입증되고 있다.

우선 잘 웃는 사람이 오래 산다는 것이다. 15초만 웃어도 자신의 기대수명에서 이틀을 더 살 수 있으며, 하루 45분만 웃으면 고혈압과 스트레스가 치료된다. 웃음은 피를 맑게 하고 젊음과 활기를 주어 건강을 크게 증진시킨다. 심장병에도 큰 효과가 있다. 웃을 때 병균을 막아주는 항체가 분비되어 바이러스에 대한 저항력과 세포조직을 증식시켜 면역력을 강화한다.

이처럼 뚜렷한 의학적 효과와 치료 효과가 입증되자 여러 나라에서 '웃음운동'이 활발하게 펼쳐지고 있다. 우리나라도 웃음운동을 펼치는 단체가 60여 개나 된다. 이런 단체들에서는 일정한 교육과정을 거치면 '웃음치료사'라는 자격증도 준다. 민간 자격증이어서 법적인 효력은 없지만 사회복지사, 간호사, 교사, 강사 등이 보조 자격증으로 활용하고 있다.

금기시하는
말을
하지 마라

오래전 일이다. 지금은 사라졌지만 당시 서울 덕수궁 문 앞에 큰 광주리에 과일을 담아놓고 파는 아주머니들이 있었다. 어느 날인가 그 앞을 지나가게 됐는데 과일을 파는 아주머니 두 분이 크게 싸우고 있었다. 이유는 모르겠지만 서로거친 말과 욕설을 마구 퍼붓고 몸싸움을 벌이기 일보 직전이었다.

그때 한 아주머니가 상대방 아주머니한테 "어미 성질이이러니까 새끼가 큰 죄를 짓고 감방 살지!" 하는 것이었다. 그러자 상대방 아주머니가 갑자기 과일 광주리를 길바닥으로 내던지며 주저앉아 울음을 터뜨렸다. "그래, 이년아! 내 탓이다. 어미가 가난해서 자식을 공부 못 시켜 그 꼴이 됐 다!"

그 한마디로 아주머니의 사정을 대충 알 수 있었다. 집안 이 너무 가난해서 자녀를 제대로 공부시키지 못했고, 그 때 문에 자식이 방황하다가 범죄를 저지르고 교도소에서 복역 하고 있는 것이다. 그 아주머니로서는 가슴 아프고 한이 맺 힌 사연이다. 아무리 치열하게 말싸움을 하더라도 옆의 아주 머니가 상대방의 상처를 건드리는 그런 말은 하지 말았어야 했다. 길바닥에 사방으로 흩어진 사과를 행인들이 주워다 주었지만 절반도 되지 않았다.

'금기禁忌'라는 낱말이 있다. 영어로는 터부taboo이다. 금기는 하지 말거나 삼가야 할 말과 행동을 뜻한다. 특히 그러한 말 을 가리켜 금기어라고 한다. 이를테면 신체장애자를 가리켜 병신·절름발이·절뚝발이 등으로 일컫는 것은 삼가야 할 말 이며, 문둥이·염병·지랄 등도 그런 질병을 지닌 환자들을 위 해 하지 말아야 한다. 또한 한때 중국인을 되놈·짱개, 일본 인을 쪽발이, 흑인을 검둥이라는 등 인종차별적인 표현을 예사롭게 했는데 모두 삼가야 할 말들이다.

성性과 관련해서도 남녀의 생식기에는 명칭이 있지만 그대로 사용하지 않는다. 거기, 그거, 아래, 고추, 물건 등 우회적이고 상징적으로 표현한다. 생식기에 대한 직설적인 표현도 금기시하기 때문이다.

요즘은 결혼을 늦게 하는 만혼 풍조가 만연해 있다. 그런데 나이 30세가 넘은 미혼자가 명절에 고향에 가면 "넌 결혼을 안 하는 거니, 못하는 거니?", "넌 아직 애인도 없니?" 등과 같은 말을 일가친척이나 이웃으로부터 자주 듣는다. 그 때문에 명절에 아예 고향에 가지 않는 30대 젊은이들이 많다. 그러다 보니 이제는 그러한 말도 금기어가 되어버린 듯하다.

금기 또는 금기어는 원래 종교적이거나 전통적인 관습과 관련이 있지만 앞에서 살펴보았듯이 이제는 우리의 일상에도 하지 말아야 하거나 삼가야 할 말과 행동이 적지 않다. 상대방의 약점, 앞의 과일장사 아주머니의 경우처럼 마음의 상처를 건드리는 말, 수치심을 주는 말은 하지 않는 것이 예의이며 상식이다.

그러나 우리는 일상생활에서 알게 모르게 금기를 무시하는 경우가 많다. 국민들에게 모범을 보여야 할 정치인들이 서슴없이 막말을 하고, 여야 국회의원들은 서로 상대방의 약점을 자극하는 선정적인 말을 쏟아낸다. 그러면서 상대방이 금도襟度를 넘었다고 비난한다. 금도란 '다른 사람을 포용할 만한 도량'을 뜻한다. 그러니까 금도를 넘었다는 것은 하지 말아야 할 말, 삼가야 할 말을 함부로 했다는 것이다.

일상생활에서 금기를 무시하는 말은 가까운 사이, 서로 잘 아는 사이일수록 더 많이 한다. 서로 살아온 과정을 너무 잘 알기 때문에 트러블이 생겼을 때 상대방의 감정을 자극하고 궁지에 몰아넣기 위해 해서는 안 되는 말, 삼가야 할 말을 하는 것이다.

이성과의 만남에도 금기어가 있다. 여성의 특정 신체부위를 노골적으로 지적하면 성희롱이 된다. 필자가 대학에서 강의할 때 가슴이 무척 큰 여학생이 있었는데 같은 과 학생들이 그녀에게 '수박'이라는 별명을 붙였고, 함께 술이라도 마시면 "야, 수박!"이라고 불렀다. 참다못한 여학생은 마침내 남학생들을 고발했고, 그들은 성희롱 징계를 받았다.

남녀 여럿이 어울리는 자리에서 여성에게 성경험에 대해서 묻거나 "아무개는 섹스를 좋아해?", "남자의 신체부위에서 어디가 제일 좋으냐?" 하며 성적인 질문을 하는 것도 금기다. 연인 사이가 아니라면 이성을 만난 자리에서는 농담이라도 성과 관련된 이야기는 꺼내지 말아야 한다.

사실 금기나 금기어는 웬만한 품격과 교양을 지닌 사람이라면 상식적으로 사용하지 않는다. 마치 올바른 행동을 하는 사람은 법을 몰라도 법을 어기는 행동을 하지 않는 것처럼 말이다. 금기어를 서슴없이 쓰는 것은 스스로 자신을 천박한 인간으로 만드는 부끄러운 짓이다.

듣기
거북한

만부터 하라

만남의 형태는 매우 다양한데, 크게는 공적인 만남과 사
적인 만남으로 나눌 수 있다. 공적인 만남은 일과 관련해서
비즈니스처럼 분명한 목적이 있는 만남이며, 사적인 만남은
혈육이나 일가친척, 친구나 동료끼리 아무 부담 없이 친목을
도모하거나 누군가의 개인 사정과 관련해서 만나는 것이다.
물론 사적인 만남이라도 목적이 있을 수 있다. 상대방의 개
인적인 고민이나 걱정거리를 해결하는 데 도움을 주기 위해
만나기도 하고 서로 부탁할 것이 있어서 만나기도 한다.

공적이든 사적이든 어떤 목적이 있어 만날 때는 반드시 즐

거운 분위기에서 재미있는 이야기만 주고받는 것은 아니다. 목적과 관련해서 진지하고 심각한 대화를 해야 할 경우가 더 많다. 비즈니스를 성사시켜야 하는 경우라면 대화의 핵심은 설득과 협상이 된다. 사적인 만남이라도 큰돈을 빌려달라거나 보증을 서달라는 부탁을 하는 자리라면 분위기가 가벼울 수 없다. 부부나 연인과의 갈등 때문에 고민하다가 자문을 구하는 경우도 마찬가지다.

그런가 하면 어떤 조직이나 활동에 가입하라고 설득하거나 동조를 부탁할 때도 있다. 또 참석하기 싫은 모임에 꼭 참석해달라는 부탁이나 만나고 싶지 않은 사람이 만나자고 할 때 선뜻 긍정적인 대답을 하기 어렵다. 그 누구라도 이런 다양한 상황에 처할 수 있다. 내가 부탁할 수도 있고 부탁을 받을 수도 있다.

이처럼 대화의 과정에서 어떤 결정과 선택을 피할 수 없을 때, 특히 상대방의 부탁이나 요구를 거절해야 할 때 어떻게 말을 해야 좋을까. 더욱이 상대방과의 친분이나 인간관계를 고려하면 도저히 쉽게 거절하기가 힘들 때는 어떡해야 할까.

목적이 있는 대화를 할 때 대부분 목적을 곧바로 말하지 않고 주변 이야기나 신변에 관한 잡다한 이야기를 먼저 꺼내면서 에둘러서 목적에 접근한다. 곧바로 목적을 이야기하기가 거북하기도 하고, 상대방이 거절하거나 부정적인 반응을 보일까 봐 두려워 조심스럽게 접근하는 것이다.

그런데 이 같은 입장은 듣는 쪽도 마찬가지다. 선뜻 거절하기 거북하니까 느닷없이 화제를 바꾸거나 이런저런 사정을 이야기하면서 정곡을 피해가며 우회적으로 이야기한다. 그러다가 상대방과 헤어질 때쯤에야 "미안하다. 아무리 생각해봐도 네 부탁을 들어주기 어려울 것 같다."고 말한다. 아니면 차마 거절을 못하고 "내가 생각해볼게. 시간을 좀 줘." 하며 결정을 뒤로 미룬다.

그러나 듣기 거북한 말은 먼저 하는 것이 좋다. 말하기 미안하고 상대방이 실망하더라도 어차피 거절할 것이라면 뒤로 미루지 말고 먼저 하라는 것이다. 다만 상대방의 말을 끝까지 귀 기울여 듣는 성의를 보여야 한다. 확실하게 거절한 뒤 내가 처한 여건이나 상황을 설명하고 상대방을 위로하며 다른 방법을 함께 고민한다면 상대방도 크게 불쾌하거나 실망하지 않고, 헤어질 때도 어색하거나 민망하지 않다. 그러면 별다른 변화 없이 인간관계를 유지할 수 있다.

정말 꺼내기 거북한 거절의 말은 어떻해야 좋을까?

첫째, 거절은 확실하게 하는 것이 좋다. 회피하거나 얼버무리거나 뒤로 미루면 상대방은 기대감을 갖고 끊임없이 연락을 하고 더욱 간절하게 매달린다.

둘째, 선의의 거짓말은 필요하다. 거절하기 미안할 때는 차라리 거짓말로 거절할 수밖에 없는 이유를 이야기하는 것이다. 다만 상대방이 납득할 수 있는 선의의 거짓말이어야 한다. 곧 들통날 거짓말이나 어설픈 거짓말은 상대방이 알아차리기 때문에 오히려 인간관계를 악화시키는 역효과를 가져올 수도 있다.

정직한 사람, 착한 사람이 잘 사는 세상이 올바른 세상이다. 하지만 현실은 그렇지 못하다. 정직하고 착하기 때문에 피해를 보는 경우가 너무도 많다. 착한 사람, 정직한 사람은 거절을 잘 못한다. 그래서 뜻하지 않게 부담을 떠안고 고통을 겪기도 한다. 능력이 되어 상대방의 부탁이나 요구를 들어줄 수 있다면 당연히 도와주는 것이 좋지만, 그렇지 못할 때는 마음이 편치 않더라도 확실하게 거절하는 용기가 필요하다.

호감을 주는

대화의
기술

남들에게 호감을 주는 사람은 당연히 인간관계가 좋다. 인간관계가 좋으면 살아가는 데 큰 도움이 된다. 호감은 남들에게 좋은 느낌을 주는 것이다. 외모나 용모, 인상, 차림새 등 외적인 요소들이 호감을 주기도 한다. 이성 간의 첫 만남에서는 이러한 외적 요소들이 크게 작용한다. 외적인 요소가 다는 아니지만 일단은 상대 이성에게 호감을 줘야 인연을 이어갈 수 있다.

하지만 상대방에게 호감을 주는 가장 핵심적인 요소는 말과 말투라고 할 수 있다. 상대방에게 호감을 주는 말과 말투에는 다음과 같은 몇 가지 공통점들이 있다. 거의 모두 이 책의 여러 항목에서 다루고 있는 요점들이다. 그렇다고 이 많은 공통점들을 모두 갖춰야만 호감을 주는 것은 아니다. 이 가운데 한 가지라도 돋보이는 것이 있다면 상대방이 호감을 느낄 수 있다.

- 항상 밝은 표정으로 웃으며 이야기한다.
- 말을 재미있게 한다.
- 유머가 풍부하다.
- 여간해서 자기과시나 자기 자랑을 하지 않는다.
- 좀처럼 화를 내지 않는다.
- 심성이 착하고 정이 많다.
- 이타심이 강하고 상대방을 존중한다.
- 솔직하고 순수하다.
- 반드시 고마움을 표시한다.
- 잘못이나 실수는 솔직하게 시인한다.
- 긍정적이고 낙관적이다.

대화할 때는 서로 상대방의 얼굴을 바라본다. 얼굴 표정이 밝지 못하고 근심이 서려 있거나 침울해 보이면 상대방은 긴장할 수밖에 없고 호감을 갖기 어렵다. 표정이 밝고 웃는 얼굴로 이야기를 해야 상대방도 편안한 마음으로 호응하면서 차츰 호감을 갖기 시작한다.

언젠가 친구와 약속이 있어 카페에 갔더니 그 친구가 낯선 사람과 함께 앉아 있었다. 친구는 비슷한 또래의 그를 파주에서 과수원을 하는 고향 친구라고 소개하며 이렇게 덧붙였다. "이 친구는 워낙 말재주가 뛰어나서 고향에서 재담꾼, 이야기꾼, 만담가로 불렸어. 마을에서 최고의 인기였지."

나로서는 처음 만난 사람인지라 조심스럽게 말을 했는데, 아니나 다를까 이 사람이 말문이 열리자 거침없이 쏟아놓는 말들이 어찌나 재미있는지 나는 빠져들고 말았다. 과일을 재배하는 농사꾼답지 않게 아는 것이 많아서 우리 역사와 고전에서부터 세계사까지 재미있고 재치 있게 풀어놓는 데 넋을 잃을 지경이었다.

시간이 쏜살같이 흘러 내 친구는 일이 있다며 먼저 자리를 떴지만 나와 그 농사꾼 친구는 밤이 깊도록 서로 웃어대며 말씨름을 하느라고 여념이 없었다. 더구나 느닷없이 폭우가 퍼부어 나갈 수도 없었다. 결국 자정이 넘어서야 아직 비가 완전히 그치지 않은 밤길을 우산도 없이 둘이서 어깨동무를 하고 노래를 부르며 마냥 걸었다. 우리는 오늘 만났던 친구보다 더 가까운 사이가 됐다. 정말 호감을 주는 친구였다. 물론 지금도 자주 만나고 있다.

재담才談이란 재치 있게 사람들의 웃음을 유발하는 재미있는 말로써 웃음을 유발하는 것이 특징이다. 그 친구는 그야말로 재담꾼이었다. 이처럼 유머가 풍부하면 상대방은 더한층 빠져들고 대화의 분위기도 매우 좋아진다.

대화할 때 습관적으로 자신을 과시하고 자기 자랑을 늘어놓는 사람들이 있다. 이런 사람은 결코 호감을 얻지 못한다. 상대방은 감동을 하는 것이 아니라 점점 짜증이 나고 은근히 거부감을 갖게 된다. 자기과시가 심하면 상대방과 교감이 이루어지지 못하고 서로의 감정에 괴리감이 생긴다. 그래서 거부감을 갖게 되는 것이다.

호감을 주는 사람은 대화할 때 좀처럼 화를 내지 않는다. 상대방이 이치에 맞지 않는 말을 하고, 편견이 심하거나 도발적인 말을 하더라도 여간해서 화를 내지 않고 웃어넘긴다. 어찌 보면 줏대도 없고 자존심도 없는 것 같지만 결코 아니다. 상대방의 감정을 이해하고 기분 상하지 않게 배려하는 것이다. 그런 경험이 쌓이다 보면 상대방이 자연스럽게 호감을 갖게 된다.

호감을 주는 사람은 심성이 착하다. 우리가 잘 아는 〈흥부전〉을 떠올려보자. 형 놀부는 못돼먹고 악한 인간이고, 동생 흥부는 착한 인간이다. 사실 따지고 보면 흥부는 전형적으로 무능한 인간이다. 자식만 잔뜩 낳고 아무 일도 안 한다. 그럼에도 우리가 흥부에게 호감을 갖는 것은 그가 착한 인간이기 때문이다.

호감을 주는 사람은 정도 많다. 정이 많다는 것은 감성이 풍부하다는 것이다. 정이 많기 때문에 항상 상대방을 배려하고 상대방의 아픔과 슬픔을 마치 내 일처럼 안타까워하며 함께 아파하고 함께 슬퍼한다. 그처럼 너그럽고 남을 먼저 생각하는 사람이라면 누구나 호감을 가질 수밖에 없다.

나보다 남을 먼저 생각하는 마음이 이타심이다. 요즘처럼 이기주의와 개인주의가 팽배한 시대에 남을 먼저 생각한다는 것은 결코 쉽지 않은 일이다. 이타심이 강한 사람은 상대방을 존중하기 때문에 언제나 남들에게 너그럽고 관대하다. 그리하여 어려운 사람, 고통받는 사람, 가진 것 없는 사람들과 같은 사회적 약자를 외면하지 못하고 나눔과 베풂을 앞장서서 실천한다.

그뿐 아니다. 호감을 주는 사람은 솔직하고 순수해서 거짓말을 하지 않고 속임수가 없으며 항상 진실하다. 당연히 다른 사람들에게 신뢰감을 준다. 아무런 의심도 하지 않고 신뢰할 수 있는 사람이니 누구나 좋아하며 호감을 갖는다. 솔직하고 순수한 사람은 더욱이 다른 사람에게 아주 사소한 도움을 받았더라도 반드시 고마움을 표시한다.

이 세상의 온갖 말들 가운데 '감사합니다', '고맙습니다', '사랑합니다'보다 더 아름다운 말은 없다고 한다. 그런 말을 아낌없이 하는 사람을 미워할 사람은 없을 것이다. 다른 사람에게 고마움을 느낄 줄 아는 사람은 실수했거나 잘못을 했을 때 변명하지 않고 곧바로 시인한다. '미안합니다', '죄송합니다'라고 말하며 상대방의 용서를 구한다.

호감을 주는 사람의 전형적인 특징의 하나가 긍정적 마인드를 갖고 있다는 것이다. 어떤 상황에 놓여 있더라도 항상 긍정적이며 낙관적이다. 위기와 시련이 닥치더라도 당황하거나 좌절하지 않고 긍정적인 마음으로 해결책을 찾아 마침내 어려움을 극복한다. 그의 이런 태도는 다른 사람들에게 용기를 주고 '나도 할 수 있다'는 자신감을 심어준다.

남들에게 호감을 주기에는 어딘가 좀 부족하다고 생각하는 사람이 호감을 얻을 수 있는 방법은 없을까? 대화의 기술에 그 방법이 있다. 대화를 위해 만날 때는 무엇보다 첫인상에서 호감을 얻는 것이 중요하다. 대개는 호감과 비호감이 첫인상과 첫 만남에서 결정되는 경우가 많기 때문이다. 이성과 사귀는 것도 그렇지 않은가.

전문가들도 처음 만난 사이든 여러 번 만난 사이든 먼저 상대방을 편안하게 해야 한다고 조언한다. 그러자면 처음부터 진지한 이야기, 무거운 이야기, 생각을 많이 해야 할 이야기를 꺼내는 것이 아니라 웃는 얼굴로 날씨 이야기, 오는 길에 생겼던 해프닝이나 느낌 등 가벼운 이야기부터 시작하는 것이 좋다고 한다.

상대방의 신분이나 지위나 나이가 어떻든 대화를 하게 됐다면 상대방과 눈높이를 맞춰야 한다. 마주하자마자 자기를 과시하며 잘난 척하고 은근히 상대방을 얕잡아보는 듯한 태도를 보이면 대화도 원만히 이어지기 어렵거니와 호감을 얻을 가능성은 전혀 없다.

상대방이 하는 말에 곧바로 긍정적인 반응을 보이고 동조하며 공감을 표시해야 상대방도 나에게 관심을 갖는다. 그것이 상대방에 대한 존중이며 배려다. 대화의 주인공은 내가 아니라 상대방이라는 마음가짐으로 상대방을 칭찬하는 것도 중요하다.

상대방을 칭찬한다고 해서 과장하거나 너무 호들갑을 떨지는 말 일이다. 상대방이 부담을 느끼지 않도록 "패션 감각이 뛰어나십니다. 옷 색깔이 아주 예뻐요.", "넥타이가 멋있네요.", "귀걸이가 무척 예쁩니다."와 같이 사소한 것을 칭찬하면 상대방의 기분이 좋아지고 그것은 나에 대한 호감으로 이어진다.

대화의 목표는 소통이다. 상대방과 소통이 원만하게 이루어져야 서로 호감을 갖게 된다. 상대방과 소통하려면 그의 말을 열심히 듣고, 내가 생각했던 것에 미치지 않더라도 되도록 그의 주장이나 견해에 대화의 초점을 맞춰야 한다. 그러면 대화는 자연스럽게 긍정적인 방향으로 진행되고, 헤어질 때도 서로 좋은 느낌, 즉 호감을 갖게 된다.

노벨문학상을 수상한 영국의 극작가 버나드 쇼는 촌철살인의 독설과 빼어난 유머로 유명했다. 그가 아직 젊었을 때 세계적인 무용가 이사도라 덩컨이 그에게 청혼했다.

"우리가 결혼하면 나의 아름다운 외모와 당신의 천재적인 두뇌를 가진 아이가 태어나겠죠?"

그러자 버나드 쇼가 걱정스럽게 말했다.

"당신의 텅 빈 머리와 나의 못생긴 외모를 가진 아이가 태어날 수도 있소."

우리에게 잘 알려진 독일의 작곡가 브람스가 한 파티에서 여성들에게 둘러싸였다. 인기가 높았던 브람스에게 상류층 여성들이 몰려들어 잘난 척하며 갖가지 질문공세를 펼친 것이다. 한 여인의 난처한 질문에 말문이 막힌 브람스는 그가 즐기는 시가를 꺼내 피우기 시작했다. 시가의 독하고 진한 연기가 여성들 앞으로 자욱하게 퍼져나갔다. 한 여인이 당장 항의했다.

"아니, 잘 알 만한 분이 여성들 앞에서 담배연기를 내뿜으면 어떡해요? 아휴, 이 자욱한 연기 좀 보세요."

그러자 브람스가 대답했다.

"허허, 여기 천사들이 있는데 구름이 없어서야 말이 되겠습니까?"

이성적인
대화와
감성적인 대화

대화는 그 성격에 따라 이성적인 대화와 감성적인 대화로 나눠볼 수 있다. 이성적인 대화는 되도록 감정을 배제하고 철저하게 이성적으로 대화하는 것이다. 감성적인 대화는 합리적이고 논리적인 이성적 판단보다 기분, 느낌, 분위기 등에 더 큰 비중을 두고 그때그때의 감정에 따라 이어가는 대화다.

이성적인 대화는 서로의 계산과 이해타산이 작용하고 분명한 목표를 향하지만, 감성적인 대화는 반드시 성취해야 할 목표가 있다기보다 그냥 흘러가는 대화다. 물론 이러한 대화의 성격을 구분하거나 의식하지 않아도 자연스럽게 적응할 수 있다. 하지만 대화의 성격을 올바르게 파악하고 상대방과 만난다면 훨씬 효과적이고 원만한 대화를 이어갈 수 있다.

이성적인 대화는 뚜렷한 목적이 있는 대화다. 조직의 일원으로서 거래, 흥정, 설득과 협상 등이 핵심이 되는 비즈니스 대화가 대표적이다. 비즈니스 대화의 당사자들은 기업이나 단체를 대표해서 또는 담당자로서 조직을 대리해서 만난다. 물론 백화점이나 시장에서 상품을 파는 상인과 고객의 대화처럼 개인적인 만남도 거래를 위한 비즈니스 대화라고 할 수 있다.

목적이 있는 대화에서는 감정적인 요소들이 거의 배제된다. 기업이나 단체 간의 거래나 협상에서는 대화 참석자들이 본론으로 들어가기에 앞서 서로 안부를 묻기도 하고 농담이나 사적인 대화를 나누기도 하지만, 대화의 목적은 어디까지나 서로 만족스런 거래와 협상을 성사시키는 것이다.

상품을 팔고 사는 상인과 고객은 서로 친분이 없는 경우가 대부분이다. 감정적인 요소가 개입될 수 없다. "이거 얼맙니까?", "○○○원입니다.", "비싸네요.", "비싸지 않습니다. 이 상품은……" 이러한 사무적인 대화와 흥정이 있을 뿐이다.

모 방송에서 〈전당포 사나이들Pawn Stars〉이라는 프로그램을 방영한 적이 있다. 무대는 미국 라스베이거스에서 실제로 영업하는 전당포라고 한다. 전당포는 물품을 담보로 돈을 빌려주는 영업을 하는 곳이다. 라스베이거스의 이 전당포도 그런 영업을 하지만, 그보다는 오히려 이용자들이 골동품이나 진귀하고 특별한 물품을 팔려고 오는 경우가 훨씬 더 많다.

전당포 책임자들은 고객이 가져온 물품을 감정하고 구입할 금액을 제시한다. 책임자들은 상당한 전문지식을 갖추었지만 골동품이나 처음 보는 희귀한 물품은 진품인지 아닌지 구별하기 어려워 그 분야 전문가를 불러 감정을 의뢰하고 가격까지 자문을 받는다.

골동품이나 특별한 물품에 대한 역사와 지식을 제공하는 것도 재미있지만 더욱 재미있는 것은 그들의 흥정과 거래에 있다. 전당포에서 구입하려는 가격과 고객이 기대하는 가격에는 당연히 큰 차이가 있어서 흥정이 불가피하다. 그런데 전당포 책임자들의 흥정하는 재주가 대단하다.

이를테면 전문가가 골동품을 감정하고 진품이며 가치는 2000달러 정도라고 자문하고 돌아가면 고객은 2000달러를 모두 받거나, 흥정을 하더라도 1500달러 이상 받을 수 있을 것으로 기대한다. 하지만 전당포 책임자는 600달러를 제시한다. 고객이 어이없는 표정으로 너무 적다고 하면 책임자는 골동품의 하자, 희소가치, 자신들이 되파는 데 걸리는 예상기간 등을 설명하며 더 이상은 어렵다고 한다. 그와 함께 흥정이 시작된다.

고객이 기대치를 조금 낮춰 1500달러는 받아야겠다고 하면 전당포 책임자는 650달러로 조금 올리고, 고객이 1300달러로 좀 더 낮추면 책임자는 700달러로 올리며 오랜 경험에서 체득한 감으로 고객이 팔 의지가 있는지 살핀다. 마침내 최종적으로 800달러를 제시하며 그 이상은 도저히 불가능하다고 단호하게 말한다. 결국 돈이 급하게 필요한 고객은 그 가격에 팔고 만다.

2000달러짜리 골동품을 800달러에 구입하는 전당포의 대단한 흥정 솜씨다. 그런데 여기서 눈여겨볼 것은 전당포 책임자들이 터무니없이 싼 가격에 구입하면서도 고객을 전혀 불쾌하게 만들지 않는다는 점이다.

처음부터 끝까지 웃는 얼굴로 고객의 입장을 존중하고, 그가 가져온 골동품의 역사와 장점과 희귀성을 치켜세우고, 가격에 대해 친절히 설명하고, 그 낮은 가격에 구입할 수밖에 없는 전당포의 입장을 조리 있게 설명하면서 즉시 현금으로 지불하겠다고 말한다. 이 모든 과정이 즐겁고 편안하며 부드러운 분위기에서 이루어져, 고객도 마침내 웃으며 책임자가 제시한 가격을 받아들이게 되는 것이다.

이처럼 이성적인 대화에는 서로 밀고 당기는 이른바 '밀당'이 있기 마련이다. 이 흥정의 과정에서 자칫 상대방의 입장을 조금도 배려하지 않고 자기주장만 고집하거나 "지금 장난하는 겁니까?", "그만 이야기 끝냅시다." 하며 벌컥 화를 내면 거래와 흥정은 실패하고 만다.

작은 상점에서도 흥정을 하다가 상점 주인이나 종업원이 "그 값에는 못 팔아요. 다른 데 가보세요!", "우린 흙 파먹고 사는 줄 압니까?" 하며 화를 내고 고객을 쫓아버리듯이 하면 그 고객은 불쾌하게 돌아설 뿐 아니라 그 상점에 다시는 가지 않는다.

비즈니스 대화는 어떡하든 거래와 협상을 성사시키는 것이 목적인 만큼 서로 밀고 당기는 과정이 원만하지 않더라도 흔들림이 없어야 한다. 감정을 개입시키지 말고 상대방의 입장에서 상대방을 철저히 배려하며 대화를 풀어가야 한다. 타협과 양보를 전제로 서로 한발씩 물러서며 목적 달성을 향해 나아가야 한다.

최대한 양보하며 타협을 위해 노력했지만 협상에 실패했더라도 마무리를 잘 하는 것이 중요하다. 비록 협상은 결렬됐지만 서로 아쉽고 안타까운 마음을 드러내며 불쾌하지 않게 웃으며 헤어질 수 있어야 한다. 그러면 훗날 다시 연결이 되고 더 좋은 기회가 찾아올 수 있다.

이성적인 대화는 사무적이고 냉정하며 뜻을 이루는 데 목적이 있지만 감성적인 대화는 그와 사뭇 다르다. 감성적인 대화는 대부분 친밀함과 유대관계로 얽힌 사람들과 이루어지기 때문에 본질적으로 애정이 깔려 있다.

가족이나 일가친척, 친구와 동료, 학교 선후배 등 반가운 사람들과 나누는 대화는 특별한 목적 없이 친목과 우의를 다지는 감성적인 대화가 주류를 이룬다. 보고 싶어도 서로 멀리 떨어져 있어 못 만나던 죽마고우를 만났는데 반가운 마음을 나누는 것 말고 무슨 목적이 있겠는가.

감성적인 대화는 특별한 주제도 없고 절차나 순서도 없다. 즐겁고 반가운 감정을 마음껏 발산하며 재미를 만끽하는 흥겨운 분위기가 이어진다. 서로 애정이 있기 때문에 그다지 불쾌할 일도 없다. 마음껏 웃고 제멋대로 떠드는 것이 대화의 전부라고 해도 과언이 아니다.

그러나 문제가 전혀 없는 것은 아니다. 부담이 없는 자리여서 의식적으로 상대방을 존중하지 않아도 문제가 되지 않기 때문에 오히려 상대방을 배려하지 않고 자기 생각을 강하게 내세우며 맞서는 장면이 종종 연출되기도 한다. 그렇더라도 애정과 우정으로 맺어진 사이인지라 얼굴을 붉히는 일 없이 마무리된다. 물론 상대방에 대한 좋지 못한 감정이나 앙금도 없다. 결론 없는 토론으로 끝나고 곧 잊히는 것이다.

하지만 모두 그처럼 원만하게 끝나는 것은 아니다. 가까운 사이라도 상대방을 무시하면서 자기주장만 고집하다가 불상사가 일어나는 경우를 자주 본다. 이를테면 정치나 이념 문제를 놓고 자기주장만 고집하다가 시비가 붙고 마침내 폭력과 흉기를 휘두르는 지경에 이르기도 한다.

아무리 애정과 우정이 두텁고 부담 없는 사이라도 지나치게 자기주장만 내세우고 무조건 내가 옳다는 독선은 불행한 결과로 이어질 수 있음을 잊지 말자.

부부나 연인 사이의 대화도 대부분 감성적인 대화다. 서로 애정을 갖고 있어서 무슨 이야기를 하더라도 용납이 된다. 오해가 생기고 다툼이 벌어지더라도 그때뿐이다. 그래서 부부싸움은 '칼로 물 베기'라고 하지 않던가.

하지만 이들도 이성적인 대화를 나누기도 한다. 어느 한쪽에서 더 이상 갈등을 견딜 수 없어 이혼을 요구하거나 이별하려는 경우가 그 예이다. 이혼이든 이별이든 당사자들로서는 그들의 인생에서 더없이 중대한 사건이다. 당연히 심각하고 진지한 이성적 대화를 피할 수 없다.

이성적으로 대화를 하면서 배우자나 연인의 입장을 이해하고 원만하게 헤어지는 경우도 적지 않다. 하지만 원만하게 합의하지 못하는 경우가 훨씬 더 많다. 왜 그럴까? 타당한 이유가 있는데도 왜 원만한 합의가 이루어지지 않는 걸까?

대답은 간단하다. 감정이 있기 때문이다. 부부나 연인은 서로 호감을 느껴 만났으며 애정관계를 이어온 터라 그에 대한 짙은 감정이 있는 것이다. 감정은 쉽게 사라지지 않는다.

하지만 감성적인 대화에서도 적절하고 이성적인 감정 조절이 반드시 필요하다. 이성으로 통제되지 않는 감정은 이혼을 요구하는 배우자, 결별을 원하는 연인에게 걷잡을 수 없는 배신감을 불러일으키고 그것이 분노로 변해 충동적인 행동으로 나타나기도 한다. 실제로 우리는 이혼을 요구하는 아내를 우발적으로 살해한 사건, 내연녀나 내연남을 살해했다는 이른바 '이별범죄' 보도를 매스컴에서 종종 접한다.

아는 말과

모르는
말

지금은 스피드 시대다. 모든 것이 너무 빨라서 '느리게 살자', '느림의 미학'과 같은 슬로 라이프가 오히려 관심을 끌고 있다. 스피드 시대가 된 것은 시대 상황과 무관하지 않다. 현대는 변화의 속도가 너무 빨라 현기증이 날 정도라고 하지 않는가. 더욱이 인터넷을 비롯한 갖가지 IT기기들이 저마다 최고의 속도를 내세우면서 스피드 시대를 주도하고 있다.

우리 국민들은 '빨리빨리'가 삶의 철학이 되어버린 터라 더한층 스피드에 민감하다. 특히 청소년과 젊은 세대들이 더욱 그러하다. 도무지 긴 것, 느린 것을 싫어한다. 지식과 정보를 습득할 때도 길고 시간이 걸리는 독서는 하지 않는다. 인터넷을 통해 파편적인 지식과 정보를 얻으려 할 뿐이다.

시대 풍조가 이렇다 보니 주고받는 말도 빨라지고 있다. 예전과 비교하면 두 배는 빨라진 듯하다. 속도에 집착하다 보니 하루가 다르게 줄임말이 늘어난다. '왕따'니 '멘붕'이니 '엄친아' 같은 줄임말은 고전에 속한다. 혼자 밥 먹는 '혼밥', 혼자 술 마시는 '혼술'이라는 단어는 이제 일상어가 되어버렸다.

정치권에서는 유달리 '내로남불'이라는 줄임말을 많이 쓴다. '내가 하면 로맨스, 남이 하면 불륜'을 줄인 말이다. 이를테면 특정 집단의 교묘한 탈세를 맹렬히 비난하며 조세정책을 바꿔야 한다고 주장하면서 정작 자신도 탈세를 하는 정치인들의 위선적이고 이중적인 잣대를 비난할 때 쓰는 줄임말이다.

방송 프로그램조차 줄임말을 선호한다. 프로그램 진행자가 〈이제 만나러 갑니다〉라는 타이틀을 줄여서 '이만갑'이라고 당당하게 말한다. 선뜻 알아듣기 어려운 것도 있다. 한때 '듣보잡'이란 줄임말이 유행했다. '듣지도 보지도 못한 잡놈'의

줄임말이다.

〈알쓸신잡〉이라는 방송 프로그램이 있다. '알아두면 쓸데 없는 신비한 잡학사전'의 줄임말이라고 한다. 이처럼 젊은 세대라면 몰라도 중년을 넘어선 기성세대들은 좀처럼 알아듣기 어려운 줄임말이 한둘이 아니다.

속어와 유행어도 넘쳐난다. 속어는 일반적으로 대중들에게 널리 쓰이는 속된 말로 격식에 맞지 않거나 천박한 막말이 대부분이다. 유행어도 그와 비슷하다. 한때 유행하던 '개똥녀'니 '김치녀'니 여성을 비하하던 말들이나 '쩍벌남'도 속어라고 할 수 있다. 청소년 사이에서 유행하는 '맘충'이니 '급식충'이니 인간을 벌레에 비유해서 비하하는 막말도 속어이자 유행어다.

줄임말, 속어, 유행어들 가운데는 알아듣기 어려운 신조어도 많다. 신조어는 말뜻 그대로 새롭게 만들어낸 말이다. 신조어를 많이 만들어내는 나라는 단연 일본이다. 영어 표기가 쉽지 않은 일본어의 특성상 적당히 조합해서 신조어를 양산하는 것이다. 이를테면 '가라오케'는 비었다는 뜻의 일본어 가라空와 영어 orchestra의 합성어이자 줄임말이다. 실제 악단이 없이 연주가 나오는 노래방 등을 뜻한다.

시대의 변화와 상황에 따라 줄임말, 속어, 유행어, 신조어
가 쏟아져 나오는 것을 막을 수는 없다. 그것 또한 시대적인
현상이다. 신세대들이 또래끼리 그러한 정통성 없는 이상한
말을 쓴다고 해서 탓할 수도 없다. 더욱이 그러한 말들이 대
중들 사이에서 널리 쓰이면 그 말의 타당성과 보편성을 인정
받아 국어사전에도 정식으로 등재된다.

그러나 대화할 때 그런 말을 써야 유행에 뒤처지지 않고
시대감각이 있는 것은 아니다. 그런 말을 즐겨 쓴다고 해서
세련돼 보이는 것은 아니다. 그런 말을 잘 안다고 해서 유식
한 것도 아니다. 오히려 사람이 가볍고 천박해 보인다.

청소년들은 자기들끼리 주고받는 말이 어른들한테 노출되
는 것을 꺼릴 때가 많다. 그래서 대화를 하거나 문자를 주고
받을 때 그들만의 은어나 속어를 쓰는지도 모른다. 어느 부
모는 중학생 딸이 친구와 주고받은 휴대폰 문자를 봤는데
마치 외계인들이 말하는 것처럼 전혀 모르겠다고 하소연하기
도 했다. 신세대와 기성세대는 언어가 다르다. 신세대만의 언

어로는 소통은커녕 서로 거리감만 느끼게 될 것이다.

우리말과 글의 우수성은 전 세계에 잘 알려져 있다. 아름답고 뛰어난 올바른 우리말과 글을 잘 보존해서 후손들에게 전해주는 것은 오늘날 우리 세대에게 주어진 의무이기도 하다.

말과 글은 사용하지 않으면 사라지기 마련이다. 빗나가고 비뚤어진 우리말이 아니라 올바른 우리말의 계승을 위해서도 지나친 줄임말이나 비속어는 되도록 사용하지 않는 것이 좋다. 대화의 가장 큰 목적은 소통이다. 상대방과 소통하기 위해 내 의사를 말로 표현하고 전달하는 것이 대화다. 소통이 안 되는 불통의 언어는 가치가 없다.

대화와

리액션의
기술

리액션reaction. 사전적으로 '반응, 반작용'이라는 뜻이다. 이 리액션은 연기에서 매우 중요하게 여기는 연기 기법 중 하나이기도 하다. 배우들은 연기를 하면서 상대방의 말이나 행동에 시선으로 표정으로 동작으로 리액션을 한다.

이를테면 상대방이 손을 치켜들어 때리려고 하면 자신도 손을 치켜들며 얼굴을 피하는 동작, 상대방이 무엇인가 충격적인 말을 했을 때 크게 놀라는 시선과 표정 같은 것이 리액션이다. 이처럼 리액션은 보는 이로 하여금 그 장면과 상황에 집중하고 몰입하는 데 크게 기여한다.

대화를 할 때도 리액션이 매우 중요하다. 상대방의 이야기를 귀담아들으면서 적절한 순간에 반응을 보이며 맞장구를 쳐보라. 상대방은 신나고 기분 좋게 이야기를 이어갈 것이다. 그러다 보면 상대방도 내가 원하는 것을 좋은 분위기에서 선뜻 받아들일 수도 있다.

그런 까닭에 리액션은 바람직한 대화의 기술이다. 그런데 대화를 하면서 상대방이 하는 말을 제대로 듣지 않고 딴짓을 한다면 어떻게 될까?

우리 집 작은 아이가 중학교 2학년 때였다. '스승의 날'을 맞아 우리 아이가 다니는 중학교 교장의 부탁으로 아이의 학급에서 특별수업을 하게 됐다. 아직 어린 학생들에게 무슨 이야기를 해야 좋을지 고민을 하면서 내 나름대로 재미있게 수업을 진행하고자 많은 준비를 했다.

드디어 교단에 서서 떨리는 마음으로 수업를 시작했다. 그런데 웬걸, 학생들이 처음 10분쯤은 열심히 듣는 척하더니 뒷자리부터 소란스러워지기 시작했다. 담임선생님이 나가실 때 특별히 주의를 준 것도 소용없었다. 잡담을 하는 학생, 킬킬거리며 장난치는 학생, 꾸벅꾸벅 조는 학생, 좌석을 이탈해서 이리저리 오가며 귓속말을 하는 학생도 있었다. 삽시간에 수업 분위기가 엉망이 됐다. 뜻밖에도 남학생들보다 여학생들이 더 시끄러웠다.

내 수업을 듣는 학생은 앞자리의 서너 명에 불과했다. 결국 나는 벌컥 화를 내고 말았다. 외부 강사가 그러면 안 되는 줄 알면서도 견딜 수 없었고, 더 이상 수업을 진행하기 어려워 칠판을 세차게 두드리며 "조용하지 못해!" 하고 소리쳤다. 그래도 반응이 시원치 않자 나는 나머지 시간을 모두 학생들을 심하게 꾸짖다가 끝내고 말았다. 리액션이 없는 대화의 참담한 결과였다.

서로 리액션이 분명한 대화가 원만한 대화다. 대화할 때 상대방의 두 눈을 똑바로 바라보며 이야기를 주고받는 것도 중요한 리액션이다. 영화나 드라마를 보라. 배우들이 상대방의 두 눈을 응시하며 연기하지 않는가. 시선만으로도 대화에 집중하는지 아닌지 여지없이 드러난다.

간혹 여성과 마주 앉아 대화할 때 가슴을 힐금힐금 훔쳐보며 건성으로 이야기하는 남성들이 있다. 여성의 가슴은 본능적으로 남성의 시선을 끌지만 대화할 때 시선이 여성의 가슴으로 향하는 것은 엄청난 실례다. 여성이 그런 음흉한 시선을 의식하면 얼마나 민망하고 난감하겠는가. 대화가 제대로 될 리 없다.

여성들도 예외가 아니다. 드물기는 하지만 남성과 대화할 때 남성의 가슴에 난 체모나 문신 따위를 끊임없이 훔쳐보는 여성들이 있다. 예전에는 남성들이 셔츠 안에 속옷을 입었지만 요즘은 아무것도 안 입기 때문에 여름철에는 가슴의 체모가 잘 드러난다. 이처럼 바람직하지 못한 시선 처리는 그 사람의 품격을 그대로 드러낸다.

리액션은 가장 효과적인 대화 기술의 하나다. 그렇다고 해서 리액션이 과장되면 오히려 역효과다. 과장된 리액션은 코미디에 불과하다. 자칫하면 아부나 아첨하는 것으로 보인다. 리액션은 분명하되 상대방이 하는 말에 따라 자연스럽게 반응하는 것이어야 한다.

3

이럴 때는
어떻게
말해야 돼?

짜증나게
하는
대화

　

가족은 말할 것도 없고 친구든 동료든 상대방이 누구든 지 대화는 재미있고 유쾌하고 즐거워야 한다는 것은 더 이상 말할 필요가 없다. 대화가 재미있고 신이 나서 시간 가는 줄 몰라야 좋은 대화다. 특별한 힐링이 필요 없다. 즐겁고 분위 기 좋은 대화야말로 최고의 힐링이다.

그런데 상대방이 한 사람이든 여럿이든 대화를 하다 보면 즐거운 분위기를 망치고 짜증나게 하는 사람이 있다. 특정한 사람을 집요하게 추궁하며 궁지로 몰아가거나, 대답하기 난 처하고 거북한 질문을 서슴없이 꺼내기도 하고, 무엇이 불만인지 끊임없이 깐족거리고 얕잡아보며 조롱하고 비아냥거리기도 한다.

연인 사이에서 흔히 벌어지는 데이트 폭력, 부부나 가족 사이의 가정폭력도 짜증나는 대화에서 비롯된다고 할 수 있다. 직장에도 구성원들을 짜증나게 하는 상사나 동료가 있다. 가까운 친구나 동료, 선후배가 즐겁게 술을 마시다가 의견이 달라 시비가 붙고, 자기주장을 고집하는 과정에서 짜증이 나고 화를 참지 못해 크게 싸우는 경우도 적지 않다.

이처럼 대화의 짜증 유발자들은 원만한 대화를 망치고 상대방에게 스트레스를 주기 때문에 대인관계도 좋지 못하다. 모든 인간관계는 말로써 소통하고 또 말 때문에 균열이 생기는 것이다. 하지만 서로 피할 수 없는 인연이나 인간관계 때문에 짜증 유발자와의 대화를 회피할 수 없다면 어떻게 해야 할까?

먼저 나 자신부터 점검해볼 필요가 있다. 나는 대화할 때 남들을 짜증나게 하는 경우는 없는지 냉정하게 성찰해보고, 그런 경우가 있다면 내 감정과 말버릇부터 고쳐야 한다.

나에게 별문제가 없다면 상대방과 단둘이 대화할 때부터 살펴보자. 상대방에게 악의가 없더라도 남들을 짜증나게 만드는 말버릇이 있다면 어떡해야 할까?

되도록 상대방에게 말할 기회를 많이 주고 최대한 양보하는 것이 효과적이다. 내 생각과 크게 어긋나지 않는다면 공감을 나타내고 웬만하면 칭찬을 많이 해주도록 하라. 그래도 자꾸 깐죽거리고 빈정대고 비아냥거리면 재빨리 화제를 바꾸는 것이 좋다. 짜증 유발자와 대화할 때는 화제를 자주 바꾸는 것이 충돌을 피하는 효과적인 방법이다.

친구나 동료들과 여러 명이 함께 어울려 대화하는 자리에 짜증 유발자가 있다면 될 수 있는 대로 눈을 마주치지 않는 게 좋다. 아울러 부질없는 이야기로 자극하지 않도록 조심하면서 대화의 주도권을 상대방에게 주어야 충돌을 피할 수 있다. 아무튼 상대방을 건드리지 않는 게 최선이다.

어떤 상황이든 짜증 유발자가 자극을 받아 흥분해서 화를 내면 더욱 그에게 말려든다. 화가 나더라도 웃어넘겨야 한다. 말로써 그와 맞서려 하지 말고 말다툼을 삼가야 한다. '지는 게 이기는 것'일 때도 있다. 무서워서 피하는 것이 아니라 귀찮고 충돌하기 싫어서 일부러 피하는 것이다.

'말 한마디로 천 냥 빚을 갚는다'는 옛말이 있다. 말을 잘 못해서 구설에 오르기도 하고, 대인관계에 문제가 생기기도 하고, 가까운 사람과 갈등을 겪기도 한다. 항상 웃는 얼굴로 즐겁고 재미있게 대화하면 뜻밖에 좋은 일이 생길 수도 있는 것이 우리 인생이다.

구설에서

벗어나는
대화

구설口舌은 사전적으로 '시비하거나 헐뜯는 말', 구설수口舌數는 '남과 시비하거나 남에게서 헐뜯는 말을 듣게 될 운수'를 말한다. 무속에서 구설에 오를 운수라느니 구설수가 있다는 말을 많이 하지만 무속 용어는 아니다. 말실수로 논란이 일어나거나 어떤 이유로 비난을 받을 때 '구설에 오르다' '구설수가 들다'와 같은 표현을 많이 쓴다. 전혀 사실무근이거나 하찮은 일이 과장되어 SNS 등에 유포되어 터무니없는 비난을 받을 때도 구설에 시달린다고 한다.

충북 청주의 한적한 둑길에서 옷이 완전히 벗겨진 20대 여성의 시체가 발견된 바 있다. 며칠 뒤에 범인이 붙잡혔는데, 30대 초반의 이 남자는 피살된 여성과는 서로 잘 아는 사이였다. 더구나 범인의 여자친구는 살해된 여성과 한마을에 살며 10년 넘게 가까이 지내온 사이였다.

범인은 왜 자기 여자친구와 친하게 지내던 여성을 살해한 것일까? 범인은 죽은 여성이 마을에서 자신을 험담하고 돌아다녀 목 졸라 살해하고, 마치 낯선 남자에게 성폭행을 당하고 피살된 것처럼 위장하기 위해 옷을 모두 벗겼다고 진술했다. 범인의 여자친구도 살인방조 혐의로 구속됐다. 이처럼 남을 험담하는 것도 구설에 오르는 원인이 된다. 그 때문에 목숨까지 잃은 것이다.

어느 지방에서는 여중생이 자기 남자친구와 단둘이 이야기했다며 패거리를 끌고 와 그 여중생을 집단폭행한 사건이 있었고, 역시 여중생이 자기를 험담했다는 구실로 무릎을 꿇리고 집단폭행하기도 했다.

요즘은 사람들의 감정이 극단적이어서 이처럼 자칫 구설에 오르면 정신적으로나 육체적으로 큰 피해를 입기 쉽다. 그

뿐 아니라 아무 잘못도 없이 SNS상에서 억울한 구설에 올라 터무니없는 비난을 받고 우울증에 빠지거나 스스로 목숨을 끊는 안타까운 비극까지 일어난다.

대중의 인기가 생명인 연예인들이 아무런 근거 없는 스캔들에 휘말려 구설에 올라 스트레스와 우울증에 시달리다가 마침내 목숨을 끊는 경우가 여러 차례 있었다. 그러면 어떻게 구설에 휘말리지 않고, 구설에서 벗어날 수 있을까?

먼저 나에게 문제가 있는 경우다.

뜻하지 않게 말실수를 했거나, 남을 험담했거나, 남의 비밀을 발설했거나, 사실을 제대로 알지 못하고 단정적이고 일방적으로 함부로 말했거나, 아주 사소한 일을 부정적으로 과장해서 말함으로써 남에게 피해를 줬거나, 의도적으로 거짓말을 했거나 여러 경우가 있을 것이다.

가톨릭 미사 통상문의 시작 예식에 "내제 탓이오, 내 탓이오, 내 큰 탓이옵니다." 하는 구절이 있다. 함부로 말했다가 구설에 오르고 논란과 시비가 벌어지는 것은 모두 내 탓이다.

말은 항상 신중해야 한다. 아무리 가까운 사이라도 서로 책임질 수 있는 말을 해야 한다. 엎질러진 물은 주워 담을 수 없듯이 한번 내 입에서 나간 말은 주워 담을 수 없다.

다른 사람을 비난하거나 헐뜯고 험담하는 것도 삼가야 한다. 이른바 '뒷담화'에서 빠지는 것이 좋다. 뒷담화란 당사자가 없는 자리에서 그를 비난하고 험담하는 대화를 말한다. 좋지 않은 말은 돌고 돌아 마침내 당사자의 귀에 들어가기 마련이다. 그 때문에 구설에 오르는 것이다.

남이 감추고 싶어 하는 비밀을 알고 있다면 끝까지 비밀을 지켜줘야 한다. 남의 개인적인 비밀을 과장해서 이야기하면 반드시 구설에 휘말린다. SNS나 인터넷에 사실이나 진실을 제대로 알지 못하고 과장해서 비난하고 의심하는 댓글들이 무척 많다. 아무 생각 없이 퍼뜨린 말이 당사자에게 치명적인 피해를 주고, 그 말을 퍼뜨린 당사자도 결국 구설에 오르게 된다.

거짓말을 하지 말아야 한다. 재미있게 말하려고 또는 궁지에서 벗어나려고 거짓말을 하지만 진실은 반드시 밝혀진다. 한 번 거짓말을 하면 일곱 번 거짓말을 하게 된다고 한다. 거짓말한 것을 의심받게 되면 그 거짓말을 합리화하기 위해 자꾸 또 다른 거짓말을 하게 된다는 것이다. 그러다 보면 언젠가는 자기 자신도 잊어버린다. 그래서 거짓말은 결국 들통나게 된다.

이간질을 하지 말아야 한다. 이간질은 한자 '이간離間'에 되풀이되는 행동을 뜻하는 우리말 '-질'이 붙어 만들어진 어휘로, 뜻 그대로 '두 사람 중간에서 서로를 멀어지게 하는 짓'이다.

말하자면 가깝게 지내는 두 사람에게 제각기 상대방에 대해 험담한다고 거짓말을 함으로써 두 사람이 멀어지게 해서 자기하고만 가깝게 지내려는 못된 행동이다. 이간질한 사람 역시 결국은 거짓말이나 과장이 밝혀지고 오히려 궁지에 몰리게 된다.

그렇다면 말실수나 거짓말, 과장, 사실과 전혀 다른 말이 드러나서 논란이 생기고 비난을 받는다면 어떡해야 할까?

모두 내 탓. 자기 잘못임을 솔직히 시인하고 당사자에게 용서를 비는 것이 가장 현명한 방법이다. 책임을 회피하려고 부질없이 남의 핑계를 대고 변명을 늘어놓는다고 결코 해결되지 않는다. 더욱이 당사자의 추궁을 피하려고 연락을 끊거나 숨으려고 하면 오히려 논란이 더한층 커지고 확산될 뿐이다.

나에게 아무런 잘못도 없는데 모함을 당하거나 의심을 받아 정말 억울하게 구설에 오르면 어떡해야 할까?

억울하게 구설에 오르는 경우는 여러 가지다. 인기 연예인들, 남들보다 능력이 뛰어난 사람, 학업 성적이 뛰어난 학생, 미모가 뛰어난 여성 등이 의외로 구설에 오르는 경우가 많다. '모난 돌이 정 맞는다'는 말이 있듯 그런 사람들을 질투하고 시기하는 무리들이 있기 마련이다.

너무 억울한 심정에서 모함하는 무리들과 맞서면 맞설수록 사태는 더욱 악화된다. 질투하고 시기하는 무리들은 모함이 아니라 사실이니까 저렇게 펄쩍 뛰는 거라며 조금도 물러서지 않는다. 억울하지만 꾹 참고 무시하는 것이 그나마 현명한 방법이다. 터무니없이 모함하는 무리보다 호감을 갖고 지지하는 사람들이 훨씬 더 많다는 자부심을 갖고 무시하는 것이다.

한 인기 연예인이 어이없는 모함을 받았을 때 "나를 지지하는 사람들이 95%이고 모함하는 무리는 5%에 불과하다. 그들 때문에 내가 항변할 필요는 없다."고 했다. 공감할 수 있는 말이다. 진실은 언젠가 밝혀진다. 또는 아무 말도 하지 않고 무시하고 있다가 적당한 기회에 단 한 번 사실을 설명하면 큰 효과가 있다.

면접
볼 때의

대화

일자리를 얻으려는 구직자는 면접을 피할 수 없다. 비정규직이든 알바든, 작은 자영업소이든 대기업이든 면접이라는 취업 과정을 거쳐야 한다. 식당과 같은 자영업소에서는 대개 주인이나 책임자 한 사람이 면접을 하지만 대기업에서는 중견 간부나 인사담당자 여러 명이 면접관이라는 이름으로 입사지원자들을 면접한다.

대기업의 경우를 보자. 입사지원자의 지적 능력은 필기고사로 평가하고 거기서 뽑은 지원자들을 대상으로 면접을 실시하는데, 최종 합격 여부는 면접에 달려 있다고 해도 과언이 아니다. 면접에서 좋은 점수를 받지 못하면 아무리 필기시험을 잘 봤더라도 합격을 기대하기 힘들다.

필기시험은 지적 수준을 평가하지만 면접은 지원자의 용모, 자세와 태도, 품성, 성향, 지원 사유와 포부, 말솜씨, 사고력, 갖가지 문제에 대처하는 능력, 시사時事, 때로는 우리 역사나 그 기업의 사훈社訓에 대한 이해 등 온갖 사항들을 두서없이 질문하고 짧은 시간에 평가하기 때문에 합격에 결정적인 영향을 미치는 것이다.

요즘처럼 취업이 힘든 시기에 면접이 매우 중요한 만큼 대부분의 지원자들은 각종 참고자료나 선배 등을 통해서 면접에 대한 사전 지식이나 요령을 익히고 면접에 임한다. 하지만 면접을 만족스럽게 통과할 수 있는 노하우는 없다. 기업마다 인물을 평가하는 관점이 다르기 때문에 더욱 그러하다. 따라서 여기서는 상식적이면서도 반드시 알아두면 좋을 몇 가지 요령만을 설명하려고 한다.

면접관들은 지원자가 들어서서 정해진 자리에 앉을 때까지 용모, 옷차림, 자세, 태도 등을 눈여겨본다. 면접자는 단정한 옷차림으로 면접장에 들어가 두 손을 가지런히 하고 상체를 펴서 공손하면서도 자신감 있는 태도를 보여야 한다. 너무 긴장하거나 위축된 모습은 마이너스 요인이 된다.

면접은 두말할 것 없이 면접관이 질문하고 지원자가 대답하는 형식으로 이루어진다. 지원자가 질문할 기회는 거의 없을 뿐 아니라 안 하는 것이 좋다. 면접관의 질문에 대답할 때 시선은 해당 면접관을 주시해야 한다.

대답할 때는 평소에 말하는 것보다 조금 큰 목소리로 정확한 발음으로 또박또박 자신 있게 말해야 한다. 패기와 열정을 보이려고 군대식의 '다나까' 화법으로 말하면 긴장하고 경직된 느낌을 주어 바람직하지 않다. 지나치게 생각을 많이 하면서 어물어물 말하거나 자신 없는 대답은 마이너스다. 그렇다고 해서 모르는 것도 아는 척하는 것은 더 좋지 않다. 모르는 것은 "잘 모르겠습니다." 경우에 따라서는 "죄송합니다. 다시 한 번 말씀해주시겠습니까?" 하고 질문 내용을 확인하는 것이 좋다.

자신감을 나타내기 위해 웅변하듯이 연설하듯이 힘주어 말하는 것은 좋은 점수를 얻지 못한다. 애원하듯 호소하거나 면접자를 설득하려는 말투는 더욱 안 좋다. 국가관, 경제관, 가치관 등에 대한 질문에는 쉽게 대답하기 어렵다. 미리 짧으면서도 논리적인 답변을 준비해두는 것이 좋다. 결론은 부정적이고 비판적인 것보다 긍정적이고 생산적이며 건전한 것이 유리하다.

가끔 지원자들 가운데는 자신을 돋보이려고 엉뚱한 말과 행동을 하는 사람이 있다. "제가 노래 한 곡 부르겠습니다." 하고 일어서서 노래를 하거나 방송 예능 프로그램의 진행자 흉내를 내며 "제가 입사하게 되면 저희 회사 모든 오락행사의 진행은 제가 책임지겠습니다." 한다든지 지나친 쇼맨십을 보이는 것은 역효과를 가져올 때가 더 많다.

면접관이 질문과 함께 슬쩍 자신의 견해까지 말하는 경우가 있다. 이를테면 "우리나라 경제를 어떻게 전망하세요? 나는 경기 침체가 한참 더 계속될 것 같고 비관적으로 생각하는데……" 이런 질문을 받으면 대개 그 면접관에게 잘 보이려고 "예, 제 생각도 같습니다." 하며 동의하는 경우가 많다. 바람직한 대답이 아니다.

견해가 같더라도 자기 나름으로 우리 경제를 비관적으로

보는 견해를 설명해야 한다. 견해가 다를 때는 "제 생각은 다릅니다." 하고 자신의 견해를 밝혀야 한다. 가장 중요한 것은 무엇보다 면접관의 질문 의도를 정확히 파악하는 것이다.

대기업의 면접에서 흔히 나오는 질문이 있다. 하나는 "같은 분야의 기업들이 많은데 우리 회사를 지원한 동기가 무엇입니까?" 하는 질문이다. 지원자들은 대개 지원한 기업의 장점을 이야기한다. 하지만 그보다는 문제점을 먼저 지적하는 것이 유리하다. "○○○이 우리나라 최고의 기업이지만 (이러이러한) 문제점들이 있다고 저는 생각합니다. 따라서 제가 이 회사의 구성원이 된다면……" 하면서 문제점 해결을 위한 견해를 밝히는 것이 유리하다.

흔히 나오는 또 하나의 질문은 "지금 우리 기업들은 노사 갈등 때문에 무척 힘듭니다. 기업의 노사 갈등을 어떻게 생각하십니까?" 하는 질문이다. 대부분의 지원자들은 심리적으로 사측을 옹호하려고 하거나 솔직히 답변해야 한다는 판단에서 노측을 옹호한다.

하지만 좋은 대답은 아니다. '노사 양측에 모두 문제가 있다고 생각한다. 사측은 어려움이 있겠지만 노측의 입장도 이해해야 한다. 서로 한발 양보해서 상생 전략, 노사 모두 윈윈하는 전략을 추구해야 한다. 내가 입사해서 노조원이 된다면 그러한 노력에 도움이 되고 싶다'와 같은 취지의 답변이 무난하다.

면접에서 면접관이 추구하는 것은 기본적으로 인물의 됨됨이를 파악하는 것이다. 무조건 복종하고 동의하는 예스맨이 아니라 올바른 정신과 인간성을 갖추고 열정과 패기가 있는 인재를 찾고자 한다. 특히 창의력이나 위기에 대처하는 능력이 있는가를 평가하는 데 중점을 둔다. 그리고 면접관이 가장 중요하게 여기는 것은 신뢰성이다. 면접 과정에서 신뢰성, 진정성 등이 드러나야 좋은 점수를 받을 수 있다.

신앙과 관련된

대화

전 세계에는 우리 인간이 만든 수많은 신神들이 있고, 또 그에 못지않게 온갖 종교들이 있다. 인간이 스스로 나약한 존재라는 것을 깨닫고 어떤 초능력 또는 초능력자를 기대하는 간절한 심리에서 신과 종교가 탄생했을 것이다. 물론 그러한 심리에 편승해서 현재에도 신흥종교, 유사종교가 끊임없이 생겨나고 있다.

우리나라는 헌법에 '종교의 자유'가 보장돼 있으며 많은 국민들이 자신이 신봉하는 종교를 가지고 있다. 우리나라의 여러 종교단체에서 발표하는 신도 수를 모두 합치면 우리나라

총 인구수보다 많다고 한다. 각 종교단체마다 교세를 과장하기 때문이다.

불교, 유교, 기독교가톨릭, 개신교, 이슬람교와 같이 우리가 잘 아는 종교들은 이미 수천 년 전에 탄생했다. 따라서 세계적으로 수억 명에 이르는 많은 신자들이 있다.

어떤 종교든 자신이 신봉하는 신앙을 갖는 것은 바람직한 일이다. 전통 있는 종교들은 한결같이 인간의 올바른 도리와 사랑, 평화, 자비, 인간애 등의 바람직한 교리를 가지고 있어서 신앙인들이 건전한 마음과 행동을 하는 데 도움을 준다. 우리나라처럼 신앙의 특징이 복을 비는 '기복신앙'이라고 하더라도 교리에 충실하면 크게 문제 될 것이 없다.

그러나 전 세계에 많은 종교가 있다 보니 역사적으로 종교 간의 갈등과 대립이 지속적으로 이어져온 것도 부인할 수 없는 사실이다. 특히 뿌리와 근본이 같은 기독교와 이슬람교의 첨예한 대립은 인류의 역사에 지울 수 없는 상흔을 남겼다.

이스라엘과 팔레스타인의 수천 년 갈등이나 십자군전쟁과 같은 종교전쟁이 그 좋은 예이다. 이슬람교는 시아파와 수

니파로 종파가 나뉘어 끊임없이 날카롭게 맞서며 숱하게 충돌해왔다. 이슬람교도의 약 90%가 수니파지만 소수인 시아파가 정권을 잡고 있는 중동 국가들도 있다. 전 세계를 공포에 몰아넣고 있는 IS Islamic State, 이슬람 국가는 수니파의 이슬람극단주의자들이 조직한 무장단체다. 이들은 이슬람 국가의 건설을 목표로 내세우며 끊임없이 온갖 만행을 저질러 전 세계의 비난을 받고 있다.

우리 사회도 종교 때문에 적잖이 갈등을 겪고 있다. 사회적으로나 개인적으로 신앙이 야기하는 문제는 종교와 신앙에 대한 지나친 집착이다. 어느 종교든 교세를 확장하기 위해 복음을 전한다는 명분으로 선교, 포교, 전도에 힘을 기울인다. 선교활동 자체는 불법이 아니지만 어느 종교나 맹목적인 광신자들이 있기 마련이다.

이들은 오로지 자기가 신봉하는 종교 이외의 다른 종교에 대해서는 무조건 배척하고 혐오한다. 이들은 전도를 한다며 사람들에게 거리낌 없이 자신들의 종교를 갖도록 강요한다. 전통적인 종교계가 경계하는 종교의 맹신자일수록 그 정도가 더욱 심하다.

언젠가 이런 일이 있었다. 우리 집 초인종이 울려 문을 열었더니 중년 여성 두 명이 서 있었다. 그들이 손에 들고 있는 낯선 종교를 선전하는 전단지를 보고 지금 바쁘다며 문을 닫으려고 했더니 한사코 문 안으로 몸을 들이밀며 "잠깐이면 됩니다. 잠시만 시간을 주시면 선생님이 영생할 수 있는 길을 알려드리겠습니다." 하는 것이었다.

나는 이미 신앙생활을 하고 있을뿐더러 그들의 몰상식한 태도에 순간적으로 짜증이 났다.

"문에 교패가 붙어 있는 거 안 보이세요? 저희는 종교가 있어요."

"그래서 말씀드리려는 거예요. 잠깐만 말씀드려도 종교를 바꾸게 될 거예요. 5분이면 돼요. 5분만 시간을 주세요."

"종교를 바꿀 생각, 전혀 없습니다."

내가 그들을 쫓아내다시피 하며 문을 닫으려 하자 "참 한심한 분이네. 영생의 길을 알려준다는데 자기 행복을 스스로 걷어차다니……" 이렇게 투덜거리며 돌아서는 것이었다.

한심한 것은 내가 아니라 그들이다. 사람은 언젠가 반드시 죽는다. 영생이 어디 있단 말인가.

　사랑하는 연인끼리 서로 종교가 달라서 집안의 반대에 부딪혀 헤어지는 경우도 있고, 어쩔 수 없이 어느 한쪽의 종교로 개종하는 경우도 있다. 서로 다른 종교를 가진 신자들이 신앙 문제로 다투는 경우도 있고, 가까운 친구 사이에서 자신의 신앙을 친구에게 일방적으로 강요해서 다투게 되는 경우도 적지 않다. 친구나 일가친척이 그릇된 종교에 빠져 있어 필사적으로 만류하면 오히려 몹시 화를 내거나 상대를 설득하려고 전도에 열을 올리는 경우도 흔하다.

　종교나 신앙은 자신이 추구하는 정신적인 가치라고 할 수 있다. 종교와 종교는 비교의 대상이 아니며, 어느 것이 옳고 어느 것이 그르다고 평가할 수 있는 과학이 아니다. 사람의 생각과 가치 추구가 저마다 다르듯이 저마다 다른 종교와 다른 신앙을 가질 수 있다. 그것이 바로 종교의 자유다.

　종교나 신앙과 관련된 대화를 할 때는 서로 상대방의 종교를 존중하며 그 종교에 대해 궁금한 것이 있으면 묻는 것 이외에는 되도록 피해야 한다. 상대방이 먼저 종교 이야기를 꺼내면 요령껏 화제를 바꾸는 것이 좋다. 그러한 대화는 결코 결론이 있을 수 없으며, 더욱이 상대방이 신봉하는 종교를 폄훼하거나 조롱하면 시비가 붙고 말다툼이 격렬해져 인간관계마저 망치게 된다.

갑과 을의

대화

민주주의 기본 정신은 자유·평등·평화다. 그러나 현실은 그렇지 못하다. 더욱이 자본주의 경제는 치열한 경쟁을 요구한다. 그에 따라 있는 자와 없는 자, 가진 자와 못 가진 자로 양극화되며 이른바 금수저와 흙수저의 확고한 계층이 고착되어 없는 자, 못 가진 자는 신분 상승의 기회조차 얻기 어렵다. 평등은 그저 구호에 그칠 뿐이다.

그뿐만이 아니다. 신분과 지위, 부의 차이가 무척 심하다. '부익부 빈익빈'의 세상이다. 작은 권력이라도 손에 쥐게 되면 완장을 차고 횡포를 일삼고 힘없는 자들은 머슴이나 다름없는 고달픈 삶을 살아야 한다.

우리는 이러한 사회적 계층의 차이를 흔히 갑과 을로 구분한다. 권력이 있는 자, 재력이 있는 자, 우월한 지위에 있는 자가 갑이다. 고용주와 피고용인도 갑과 을의 관계다. 상인과 고객의 관계에서는 고객이 갑이다. 서비스 직종은 무조건 을이다. 그들을 감정노동자라고 하는데 무조건 을이다.

땅콩회항 사건을 기억할 것이다. 국내 항공사의 고위간부이자 회장 딸이 뉴욕에서 국내로 오는 여객기에 탑승했다가 사무장과 스튜어디스에게 행패를 부려 사회적 이슈가 된 사건이다. 또 민원을 담당한 공무원에게 불친절하다며 폭행한 사건도 있었다. 이러한 갑의 횡포를 이른바 '갑질'이라고 한다.

갑질은 어디서나 흔히 벌어진다. 식당이나 접객업소에서 종업원에게 반말을 하며 마구 부리는 것도 갑질이며, 서비스가 안 좋다고 행패를 부리는 것도 갑질이다. 상점의 점원에게 사소한 트집을 잡고 자신을 과시하며 마구 큰 소리 치고 으름장을 놓는 것도 갑질이다.

직장이나 기관의 상사가 우월적 지위를 이용해서 부하직원에게 부당한 행위를 하는 것은 대표적인 갑질의 하나다.

자신에게 잘 보여야 한다는 구실을 내세워 남성 부하직원을 머슴 부리듯 하고, 여성 부하직원에게 성적인 요구를 하거나 성희롱과 성추행을 하는 것은 아주 흔한 갑질이다.

이처럼 강자인 갑과 약자인 을의 대화는 어떡해야 할까?

일반적으로 갑은 자신을 과시하려고 하기 때문에 위압적인 태도로 을을 얕잡아보거나 경멸하는 말을 서슴없이 쏟아놓는다. 을에게 일방적으로 명령하고 지시한다. 몹시 잘못된 태도이며 교양 없는 짓이다. 일반적으로 을은 상대방에게 낮은 자세로 말한다. 그걸 악용해서 횡포와 행패를 부리는 것은 비난받아 마땅한 파렴치한 짓이다.

을은 갑의 아랫사람이 아니다. 하는 일이 갑과 다를 뿐이다. 을의 인격이 갑의 인격보다 못한 것이 아니다. 외국에 가보면 종업원이나 봉사자들, 즉 을이 자신이 하는 일에 자부심을 갖고 태도가 당당하다.

미국이나 유럽 항공사의 스튜어디스들은 중년이 많다. 그녀들은 탑승객의 부당한 요구는 단호하게 거절하고 기내에서 규칙을 지키지 않으면 서슴없이 꾸짖는다. 우리나라 탑승객들은 그런 태도를 보고 불친절하다며 불만을 나타낸다. 친절, 불친절, 서비스정신을 따지기 전에 갑은 자신의 잘잘못부터 생각해봐야 한다.

아울러 을을 아랫사람처럼 함부로 대하지 말고 자신과 다른 일을 하는 사람으로 존중해야 한다. 구두닦이나 청소원이 자신보다 사회적 지위가 낮다고 얕잡아봐서는 안 된다. 그들도 우리 사회에 필요한 사람이며 많은 사람들에게 도움을 주는 일을 하는 사람들이다.

주로 서비스 직종에 종사하는 감정노동자들이 갑의 횡포 때문에 심한 스트레스를 받고 있다. 자원봉사자들을 아랫사람 취급하며 갑질을 하는 어처구니없는 일도 있다. 그들의 자발적인 봉사정신은 칭찬하고 격려하는 것이 마땅하지 않은가.

을은 자신의 실수나 과오가 없다면 갑과의 대화에서 위축되거나 저자세가 될 이유가 없다. 웃는 표정으로 갑에게 친절하되, 할 말은 차분하고 분명하게 전달해야 한다. 그러자면 자신이 하는 일에 자부심을 가져야 한다.

미국 항공우주국NASA에서 있었던 일이다. 그곳을 방문한 사람이 로비에서 자기가 원하는 부서를 어떻게 찾아가야 할지 몰라 두리번거리다가 마침 허름한 차림의 중년 남자와 마주쳤다.

"이곳에 근무하십니까?"

"그렇습니다."

"실례지만 무슨 일을 하십니까?"

"저는 유인우주선을 외계에 보내는 일을 하고 있습니다."

그러자 방문객은 자기가 찾아갈 부서의 위치를 물었고 그는 친절하게 알려줬다. 그런데 그의 차림이 너무 허름해서 다른 사람에게 저 사람이 우주과학자냐고 물었더니 우주과학자는 아니지만 이곳에서 일하는 청소부라고 했다.

그 청소부가 유인우주선을 외계에 보내는 일에 도움을 주고 있는 것은 사실이다. 항공우주국에도 청소부는 있어야 하지 않겠는가. 을에게 그러한 자부심이 있어야 한다. 직업에는 귀천이 있을 수 없다.

이런 명언을 본 적이 있다.

"인간에 대한 인간의 비인간성은 무수한 슬픔을 낳는다."

비인간적인 갑질은 사라져야 한다.

처음 만난
이성과

요즘 젊은 세대는 대부분 남녀공학에서 교육을 받아 이성과 대화하는 게 익숙하고 자연스럽다. 하지만 내성적이거나 사교성이 부족하거나 혼자 있기를 좋아하는 성격이라면, 또 외동으로 자랐다면 이성과 대화하는 게 무척 서투를 것이다.

물론 우리나라만 그런 것은 아니다. 남녀교제가 자유분방한 서구도 그렇고 '은둔형 외톨이'가 많은 일본에도 이성과의 대화가 서툴러 고민하는 젊은이들이 많다. 그 때문에 연애컨설팅이나 연애코칭이 직업의 하나로 당당히 자리 잡았다. 우리나라에서도 연애코칭이 직업으로 자리 잡은 지 오래됐다.

여기서 말하는 이성과의 대화는 상대 이성에게 호감을 느끼고 사랑의 감정을 갖게 되어 그 이성과 사귀기 위해 의도적으로 접근하는 젊은 남녀 단 두 사람의 대화를 말하는 것이다.

이런 경우에는 자신의 심정을 밝히는 첫 대화가 무척 어렵다. 여성이 먼저 접근하는 경우도 있지만 대부분 적극적인 남성이 먼저 여성에게 접근하게 되는데, 대화를 리드해야 하기 때문에 아무래도 여성보다 남성들이 더욱 힘들어한다.

미혼의 젊은이가 상대 이성에게 강한 호감을 느끼면서 사귀고 싶어 하는 경우는 몇 가지가 있다.

첫째, 우연히 마주친 이성에게 강렬한 호감을 갖게 됐을 경우.

둘째, 학교의 동기동창, 선후배나 직장 동료로서 오랫동안 알고 지낸 사이, 흔히 말하는 '남사친' 또는 '여사친' 사이에서 특정한 이성에게 꾸준히 호감을 가져온 경우.

셋째, 미혼 남녀의 각종 미팅에서 특정한 이성에게 호감을 느꼈을 경우.

넷째, '소개팅'에서 이성을 만났을 경우.

다섯째, 채팅이나 SNS 등으로 이성을 만났을 경우.

여섯째, 친구나 동료 연인의 친구 또는 동생에게 호감을 느꼈을 경우.

일곱째, 연상녀나 연하남에게 호감을 느꼈을 경우.

그 밖에도 개인의 여건과 상황에 따라 여러 경우가 있을 것이다. 이처럼 계기가 다양한 만큼 상대 이성에게 호감을 나타내며 사귀기를 원하는 첫 대화의 방법도 서로 다를 수밖에 없다.

그러나 가장 중요한 성공의 요인은 무엇보다 상대 이성이 자신에게 어떤 느낌과 감정을 가지고 있는지에 달려 있다. 상대 이성의 거부감이 강하다면 성공할 수 없는 것이다. 사귀자고 강요하거나 애원하는 등 일방적인 요구만으로는 결코 성공할 수 없다.

옛말에 '열 번 찍어 안 넘어가는 나무 없다'지만 그것은 어디까지나 옛말일 뿐이다. 요즘 젊은 세대들은 쿨하고 자기 태도가 분명해서 싫으면 싫은 것이다. 아무리 매달리고 위협하고 협박해도 될 일이 아니다. 스토킹을 해도 소용없다. 오히려 자칫하면 범죄자로 몰리게 될지도 모른다. 상대 이성의 거부감이 뚜렷하다면 마음이 아프더라도 물러서는 것이 좋다.

위에 제시한 몇 가지 경우를 사례별로 살펴보자.

버스나 지하철에서 또는 길을 걷다가 우연히 만난 낯선 여성이나, 오랫동안 눈여겨보다가 사귀고 싶은 여성에게 자신의 심정을 밝히려는 젊은 남성의 경우이다.

결심이 서면 우연히 만난 낯선 여성을 따라가서 말을 걸 수밖에 없다. "잠깐 실례하겠습니다." 하고 말을 걸면, 여성은 이 낯선 사람을 당연히 경계한다. 그럴 때 정중하게 "잠시만 시간을 내주시겠습니까?" 하면 여성이 그 말을 무시하고 가버리거나, "왜 그러시죠?" 하고 되묻는다. 그러면 "잠깐 드릴 말씀이 있습니다." 하면 여성은 남성의 의도를 곧바로 알아차린다.

"저, 지금 바쁜데요.", "지금 약속이 있어서 가는 길입니다." 하며 걸음을 옮기면 관심이 없으며 거절하는 것이다. 그럴 때는 한 번쯤 더 부탁을 해보고 그래도 변함이 없으면 "죄송합니다.", "미안합니다." 등의 인사를 하고 물러서는 것이 좋다.

이때 마치 조폭이나 형사처럼 "야, 나하고 이야기 좀 하자." 하고 강압적으로 윽박지르거나 거친 말을 하면 얌전히 따라올 여성은 없다. 그렇다고 주눅 든 모습으로 제대로 말을 못하고 어물거리거나 너무 애원하듯 매달려도 실패하기 쉽다.

다행히 여성이 머뭇거리거나 가만히 서 있든지 남성의 얼굴을 똑바로 쳐다보면 성공의 기미가 보이는 것이다. 그리하여 함께 가까운 카페에 들어가서 마주 앉았다면 남성은 침착한 태도로 의도를 차분하게 이야기해야 한다. 흥분해서 말을 어물거리거나 너무 과장하고 허풍스러우면 역효과다. 상대방의 눈을 똑바로 쳐다보며 감정을 솔직하게 표현하는 것이 좋다.

여성의 눈을 똑바로 쳐다보면 그녀가 남성에게 호감이 있는지 아닌지 감정을 읽을 수 있다. 상대방이 남성의 시선을 피하면 거부감이 있는 것이다. 상대방이 남성의 이야기를 진지하게 듣는 것으로 보아 호감이 있다고 판단되더라도 처음부터 큰 기대를 걸면 안 된다. 상대방의 전화번호를 알아두는 것에서 끝내는 것이 무난하다. 상대방이 전화번호를 알려주면 절반은 성공이라고 봐도 좋다.

어떤 계기로든 미혼의 젊은 남녀가 처음 만나서 사귀면 서로 상대방을 탐색하며 저울질하는 과정을 거치게 된다. 사귀는 이성의 신상을 비롯해서 성격과 성품, 인간성, 가정환경, 학력, 장래성 등을 파악하는 과정이다. 이때 남녀는 서로 만남을 지속할 것인지 말 것인지 결정하기 위해 서로 밀고 당기는 이른바 '밀당'을 하게 된다.

이 '밀당'의 과정에서는 상대 이성을 얼마나 좋아하는지 자기 마음부터 정리할 필요가 있다고 남녀 문제 전문가들은 말한다. 상대방에게 완전히 빠졌다고 해서 너무 속마음을 드러내면 오히려 매력이 떨어진다. 너무 일방적으로 매달리지 말라는 말이다.

자신의 좋은 성품과 하고 있는 일에 대한 열정, 장래의 뚜렷한 설계 등을 은근히 밝히고 때로는 한동안 연락을 안 하거나 상대방이 재촉하더라도 슬쩍 뒤로 미루는 지혜가 필요하다. 이것이 '밀당'이다. 그래야 상대방이 더 끌려온다. 휴대폰 문자도 너무 자주, 너무 많이 보내는 것은 바람직하지 않다. 꼭 필요한 문자 몇 개만 보내면 된다. 상대방이 자꾸 당신을 생각하게 만드는 것이 중요하다.

그다음, 이미 알고 지내는 사이거나 상대 이성이 당신의 신상에 대해 어느 정도 알고 있는 경우다. 어찌 보면 그런 경우에 새삼스럽게 사랑을 고백한다는 것이 더 어려울 수 있다. 상대방이 당황할 수 있기 때문이다. 하지만 그렇더라도 처음 만나는 이성과의 대화보다는 쉽다.

어떤 형태로든 두 사람만의 자리가 마련되면 서로의 인연이나 우정을 훼손하지 않고 상대방이 당황하지 않도록 감정을 자연스럽게 전달하는 것이 좋다. 갑자기 너무 진지하고 무겁게 직설적으로 의사를 표현하면 상대방도 단호하게 거절할 수 있다.

이를테면 평소에 대화하듯이 자연스럽게 "나는 오래전부터 너를 좋아하고 있었거든. 너하고 사귀고 싶은 게 내 진심이야. 우리 둘이 사귀면 안 되겠니?" 하는 정도로 의사를 전달하면 상대방도 싫든 좋든 편안하게 응답한다. 상대방이 모호한 태도를 보이면 좀 더 시간을 두고 차근차근 접근해야 한다. 중요한 것은 당신의 진정성이 변함이 없음을 지속적으로 상대방에게 전달하는 것이다. 그러다 보면 상대방도 태도를 분명히 밝힌다.

그다음, 연상녀와 연하남의 만남이나 나이차가 열 살 넘는 이성과의 만남이다. 이런 경우는 관습적으로 서열이 정해진다. 나이가 많은 쪽이 우위에 서서 먼저 자기 감정을 연하의 이성에게 표현하는 경우가 대부분이다.

그럴 때 마치 선생님이나 대선배, 오빠나 누나처럼 우위에 서서 일방적으로 강요하는 듯한 태도를 보이면 실패하기 쉽다. 상대방은 윗사람에 대한 예의를 지키려고 거절하고 싶어도 강하게 거절하지 못한다. 그렇다고 받아들이는 것은 아니다. 나이가 많더라도 나이 어린 상대방의 입장을 충분히 고려하고 배려하면서 마음을 조심스럽게 전달해야 한다. 그리고 곧바로 대답을 들으려고 하지 말고 상대방이 생각할 수 있는 시간적 여유를 줘야 한다.

그와 반대로 연하가 연상의 이성에게 사랑을 고백하기는 쉬운 일이 아니다. 더욱이 서로 사귀려면 대등해져야 한다는 섣부른 생각으로 연하남이 연상녀와 맞먹으려는 태도로 말을 하면 연상녀가 불쾌하게 생각하며 거부감을 갖기 쉽다. 그러한 연하남의 태도는 남성이 우월하다는 가부장 의식을 여전히 버리지 못한 것일 뿐이다.

연하남답게 공손하고 겸손한 자세로 조심스럽게 마음을 전하는 것이 좋다. 최종 결정도 연상녀에게 맡겨야 한다. 연하남이 일방적으로 리드하려고 하면 연상녀는 무시당하는 것 같아 몹시 불쾌하게 생각하는 경우가 많다. 연상녀의 인격과 연상이라는 사실을 인정해야 한다.

대중을 사로잡은 명연설

국민의, 국민에 의한, 국민을 위한 정부

미국의 대통령 링컨은 미국 역사상 가장 치열했던 남북전쟁을 치렀다. 게티즈버그는 최대의 접전지 가운데 하나였다. 링컨은 이곳에서 희생된 수많은 남북 병사들을 추모하며 역사에 남을 유명한 연설을 했다.

"……우리에게 남겨진 그 위대한 과업을 수행하기 위해 우리는 그들의 명예로운 죽음으로부터 더 큰 힘을 얻어, 그들이 마지막까지 혼신의 힘을 바쳐 지키려 한 대의에 더욱 헌신하여야 합니다. 우리는 그들의 죽음이 헛되지 않게 하겠다고 이 자리에서 엄숙히 다짐해야 합니다. 신의 가호 아래 이 나라에 자유가 새로이 탄생하고 국민의, 국민에 의한, 국민을 위한 정부가 이 지상에서 결코 사라지지 않게 해야 합니다."

위대한 독일 국민이여, 나를 따르라

히틀러는 "힘은 방어로부터가 아니라 공격으로부터 나온다."고 외칠만큼 전쟁광이었다. 온 인류에 엄청난 재앙이었던 히틀러지만 그는 탁월한 웅변가였다. 격정적이며 힘이 넘치는 선전선동적인 연설로 독일 국민들을 사로잡고 전쟁터로 내몰았다.

"……위대한 시간이 지금 시작됐습니다. 독일은 이제 깨어났습니다.

이제 우리는 독일 국민들의 힘을 얻어야 합니다. 나의 동료들이여, 나는 압니다. 분명히 이제까지는 힘든 시간이었습니다. 오지 못한 변화를 당신이 원하고 있었을 때, 그래서 노력_{전쟁}을 계속해야 한다고 애원했을 때 당신은 절대로 혼자서 행동해서는 안 됩니다. 당신은 따라야만 합니다. 당신은 복종해야만 합니다. 당신은 이 압도적인 지배의 필요에 복종해야만 합니다."

나는 국가를 위해 무엇을 할 것인가

미국의 35대 대통령 케네디는 미국 역사에서 국민들의 절대적인 지지를 받았던 대통령 중 한 사람으로 손꼽힌다. 그는 대통령 취임연설부터 국민들을 사로잡았다.

"……우리가 자유를 수호하기 위하여 쏟는 정력과 믿음과 헌신은 우리나라를 밝혀줄 것이며, 또한 그 일을 위하여 봉사하는 모든 사람과, 그리고 작열하는 그 불길은 진실로 세계를 밝혀줄 것입니다.

그러므로 국민 여러분! 여러분의 조국이 여러분에게 무슨 일을 해줄 것인가를 묻지 말고, 여러분이 조국을 위해 무슨 일을 할 수 있는지를 물으십시오.

전 세계의 국민 여러분! 미국이 여러분을 위해 무슨 일을 할 수 있는지를 묻지 마시고, 우리들이 함께 인류의 자유를 위해 무슨 일을 할 수 있는지를 물으십시오."

축하와

위로의 대화

인간은 사회적 동물인지라 수많은 사회 구성원들과 더불어 살아간다. 가족과 일가친척, 이웃, 친구처럼 가까운 사람들을 비롯하여 특별히 가깝게 지내지는 않지만 학교 동기나 선후배, 스승, 직장이나 동호회 동료, 같은 종교를 믿는 이들, 향우회의 동향인 등과 인연을 맺고 살아간다.

사회학자들은 한 개인이 특별한 인간관계를 형성한 사람이 평균 150~200명 정도라고 한다. 쉽게 말해서 인명록이나 휴대폰에 저장돼 있는 사람들 숫자를 보면 대략 짐작이 갈 것이다.

살다 보면 나는 물론 나와 특별한 인간관계에 있는 사람들에게 갖가지 길흉사가 있기 마련이다. 결혼, 자녀의 첫돌, 회갑·칠순·팔순을 기념하는 경사스러운 잔치, 합격, 승진, 수상受賞, 개업과 같은 기쁜 일이 있다. 또한 장례, 치료가 힘든 질병, 불의의 사고, 갑작스런 퇴직과 같은 불행한 일도 있다.

특별한 인간관계를 맺고 있는 사람에게 길흉사가 생기면 찾아가서 축하나 위로의 인사를 전하고 부조를 하며 함께 기뻐하고 함께 슬퍼하는 것이 우리의 관습이다. 그러면 축하나 위로의 말은 어떻게 하는 것이 좋을까?

축하의 말은 어렵지 않다. "축하합니다." 한마디만 해도 된다. 하지만 아주 가까운 사이라면 좀 더 정성이 깃들어 있어야 한다. 결혼식이라면 당사자에게는 "축하합니다. 오래오래 행복하시기 바랍니다.", "결혼한다는 소식 듣고 정말 기뻤습니다. 좋은 가정 이루시기 바랍니다."는 말을, 혼주婚主에게는 "축하합니다. 기쁘시죠? 저도 소식 듣고 기뻤습니다." 정도의 인사말을 하면 무난하다.

노인의 생일잔치에는 "축하합니다. 오래오래 건강하십시오.", "축하합니다. 건강하시고 복 많이 받으시기 바랍니다." 또 개업에는 "축하합니다. 부자 되십시오.", "축하합니다. 나날이 번성하기를 기원하겠습니다." 정도면 무난하다. 즐겁고 흥겨운 분위기에 어긋나지 않으면 된다.

그러나 위로의 인사는 쉽지 않다.

언젠가 가까운 친구의 부친이 92세에 돌아가셔서 친구들과 함께 장례식장에 갔다. 영정 앞에서 예의를 표하고 친구인 상주에게 문상을 하는데 함께 간 친구가 "야, 호상好喪이지? 90세를 넘기셨으니 살 만큼 사셨다. 제수씨가 시아버지 모시느라고 고생이 많았는데 한시름 덜었겠다. 제수씨가 좋아하지?" 하며 너스레를 떨었다.

틀린 말은 아니다. 또 가까운 친구 사이에서 그렇게 말하며 상심을 달래줄 수도 있다. 하지만 나이가 많든, 오랫동안 치매에 시달렸든, 병상에 누워 있었든 부모가 세상을 떠나면 슬프다. 그와 같은 인사는 예의에 벗어난다.

질병이나 사고로 병원에 입원해 있는 가까운 사람에게 문병을 갔을 때는 엄숙한 태도로 진심에서 우러나는 위로의 말을 전해야 한다. 또한 환자의 용기를 북돋아주는 격려의 말도 잊지 말아야 한다. 위로의 말을 할 때 가장 중요한 것은 진정성이다. 진심으로 위로하고 슬픔과 고통을 함께 나누는 것이 좋다.

마당발, 오지랖이 넓어서 대인관계가 많은 사람일수록 축하와 위로할 일이 많다. 그런데 너무 형식적인 경우를 자주 본다. 인간관계에 따라 또 체면치레를 위해 참석해서 '눈도장 찍으러 왔다'던가 부조만 하고 곧바로 돌아간다던가, 결혼식에 참석해서 봉투만 내밀고 곧바로 식당으로 향하는 행동은 바람직하지 않다. 진정성을 갖고 되도록 오랜 시간 당사자와 함께하는 것이 좋다.

옛말에 정승 집 개가 죽으면 문상객들이 몰려 시끌벅적하지만 정승이 죽으면 썰렁하다는 말이 있다. 정승 집 개가 죽으면 문지방이 닳고 정승이 죽으면 개미 한 마리도 보이지 않는다고도 한다.

물론 과장된 표현이지만 정승 집 개가 죽으면 정승에게 잘 보이고 생색을 내려고 찾아가고, 정승이 죽으면 덕을 볼 일이 없으니까 찾아가지 않는 것이다. 축하와 위로는 너무 약삭빠르고 이해타산에 치우쳐서는 안 된다. 위선적이고 가식적인 인간관계가 아니라면 진정성이 있어야 한다. 진정성이 있다면 축하나 위로의 말이 서툴러도 당사자가 충분히 이해한다.

연인 사이의

대화

사귀고 싶은 이성과의 첫 대화도 중요하지만 서로 교제하고 있는 상황에서도 대화는 매우 중요하다. 서로 교제하는 사이라면 대화하는 데 전혀 부담이 없고 대화의 주제나 순서가 특별히 있을 수 없다. 하지만 대화가 서툴러서 두 사람 사이에 균열이 생기고 극단적인 상황까지 가는 경우가 적지 않다.

연인 사이에 대화가 서투르면 원만한 대화와 소통이 어렵고 자기중심적으로 사고하게 되어 오해와 갈등이 커지고, 서로 대립하면서 심하게 다투거나 헤어지는 일이 빈번하게 일어난다. 요즘 사회적 이슈가 되고 있는 데이트 폭력, 이별에 따른 보복과 살인과 같은 애정범죄도 연인 사이의 대화가 원만하지 못해서 발생하는 것이다.

이미 친숙하고 서로 허물 없는 연인 사이에서 갈등과 균열이 생기는 몇 가지 경우를 살펴보자.

첫째, 서로 자기주장만을 내세우며 자기 생각이 옳다고 고집할 때.

둘째, 상대방을 무시하거나 얕잡아보고 업신여길 때.

셋째, 연인 이외의 다른 이성을 사귀거나 적극적인 관심을 가질 때.

넷째, 교제하는 과정에서 연인의 불미스런 과거나 문제점들이 나타났을 때.

다섯째, 성적인 문제에서 서로 생각이 다를 때.

연인 사이의 갈등과 대립은 그들 두 사람만의 문제여서 그 원인이 연인들 저마다 다를 수 있지만, 위의 다섯 가지가 보편적으로 균열과 불화의 요인이라고 할 수 있을 것이다.

자기주장이 강하고 자기만 옳다고 고집하는 것은 요즘 젊은 세대의 특성이라고 해도 지나친 말이 아니다. 한마디로 그만큼 요즘 젊은이들은 이기적이고 자기중심적이다. 저출산시대에 외동아들, 외동딸, 많아야 형제나 자매가 두 명뿐인 가정에서 성장하면서 부모의 과잉보호로 자기밖에 모르는 이기주의와 독선이 강해진 것이다.

서로 자기주장을 내세우며 팽팽히 맞서니까 충돌하고 갈등이 생길 수밖에 없다. 게다가 대화가 서툴러 자기중심으로 말하고 연인이 무조건 따라주기를 강요하니까 갈등과 불화가 점점 더 커지는 것이다.

대화의 상식적인 기본은 상대방의 말을 경청하는 것이다. 내가 말을 많이 하기보다 상대방이 더 많은 말을 하도록 유도하고 열심히 들어야 한다. 나아가 양보와 타협, 배려가 있어야 원만한 대화가 이어지고 갈등과 대립이 훨씬 적어진다.

연인을 진정으로 사랑한다면 저절로 양보와 배려, 존중이 우러날 것이다. 서로 심하게 갈등하는 것이 사랑이 부족하기 때문은 아닌지 스스로 점검해볼 필요가 있다.

연인과 대화하면서 상대방을 무시하고 얕잡아보고 업신여기며 경멸하는 감정이 드러난다면 원만한 대화를 이어갈 수 없다. "네가 뭘 알아?", "넌 정말 한심하다.", "어쩌면 그렇게 생각하는 게 어린애 같으냐?", "그래서 넌 찌질이야. 여러 말 말고 내 말 들어.", "너, 대학 나온 거 맞아? 왜 그렇게 멍청이 같은 소리만 하냐?"

이런 조롱과 비아냥거리는 말을 들으면 상대방은 당연히 화가 나고 말투가 거칠어진다. 그러면 서로 의견을 주고받는 대화는 실종된 채 심한 말다툼이 벌어지고 자칫하면 폭력을 행사하게 돼 둘 사이의 균열이 더욱 커진다. 이 같은 상황을 피하기 위해서는 대화할 때 상대방을 존중하는 마음가짐이 반드시 필요하다.

연인 사이에 갈등이 생기는 이유 가운데 남자의 그릇된 의식도 빼놓을 수 없다. 남녀평등이 보편화되었지만 남자 들에게는 우리의 오랜 관습인 가부장 의식이 여전히 남아 있다.

그리하여 연인 관계가 깊어지면 남자가 여자를 마치 자기 '소유물'처럼 여기며 무조건 여자 위에 군림하려고 한다. 여자 에게 일방적으로 명령하고 지시하고 순종하기를 바란다. 그 뿐 아니라 그러한 말과 행동을 '남자다움'으로 착각한다. 그에 따라 여자는 차츰 갈등하게 되고, 남자의 그런 태도에 변화가 없으면 헤어질 기회를 찾는다. 지금은 조선시대가 아니다. 남성이 우월하다는 가부장 의식이 통하지 않는다는 것을 알아야 한다.

연인이 이른바 양다리를 걸치고 있다는 사실을 알게 됐을 때, 또는 다른 이성에게 눈에 띄게 친절을 베풀고 그를 배려하는 모습을 보고 가만히 있을 연인은 없다. 당장 몹시 화를 내고 크게 다툴 것이다. 연인끼리의 정다운 대화가 불가능해진 것이다. 행여 오해였다면 대화로써 반드시 진실을 밝혀야 하고, 사실이라면 어떤 변명도 통하지 않는다. 태도를 분명히 하는 것이 연인에 대한 배려이자 예의다.

아직 결혼은 안 했으니까 남자든 여자든 연인 이외의 다른 이성에게 호감을 갖거나 사귈 수 있다. 하지만 두 남녀가 자기들 스스로 인정하는 연인 사이라면 양다리를 걸치는 것은 옳지 못하다. 그 때문에 데이트 폭력과 같은 애정범죄가 발생할 수 있다. 다른 이성을 사귀고 싶다면 지금의 연인과 관계를 깨끗하게 정리한 다음에 만나는 것이 도리에 맞는다.

서로 좋아서 사귀고 사랑하는 사이가 됐지만 시간이 지

나면서 우연히 또는 어떤 기회에 연인의 불미스런 과거나 숨겨온 비밀이 드러날 수 있다. 이를테면 범죄 전과라든가 동거 경험, 이혼 경력, 낙태 경험, 이력과 경력의 허위사실 등이 드러나면 연인 관계는 큰 위기를 맞는다.

그런 사실을 알게 된 쪽은 절교를 심각하게 고민하면서 불미스런 과거가 있는 상대방을 추궁한다. 상대방은 당황하면서 갖가지 변명을 늘어놓지만 결코 순조로운 대화가 이뤄지지 않는다. 아무리 변명해도 거짓말로 들리기 때문이다.

따라서 드러난 과거의 행적이 사실이라면 솔직하게 시인하고 용서와 양해를 구하는 것이 현명하다. 그리고 몹시 화가 나 있는 상대방의 결정을 기다려야 한다. 교제하는 동안 참다운 인간성과 장래성을 보여주었으며 서로 진정으로 사랑한다면 이미 지나간 일인 불미스런 과거를 용서받을 수도 있다.

하지만 상대방이 이별을 결심했다면 그의 행복을 빌며 깨끗하게 물러서는 것이 좋다. 그리하여 한동안의 공백기가 지난 뒤 상대방이 마음을 되돌려 다시 연락을 해올 수도 있다.

마지막으로 성적인 문제이다. 시대적 흐름이라고 할까? 성개방 풍조에 따라 혼전 성관계가 보편화되고 있는 것이 우리

현실이다. 서로 교제하는 연인과의 성관계를 크게 부담스러워하지 않는다. 서로 사귀기 시작하면 되도록 빨리 성관계를 갖고 지속적으로 이어가는 커플들도 적지 않다.

그러나 상대방의 성 관념이나 가치관에 따라서, 또는 상대방에 대한 사랑의 깊이에 따라 서로 견해가 다를 수 있다. 성관계는 서로의 합의에 의한 은밀한 사적 행위다. 합의되지 않은 성관계, 강압적이고 강요된 성관계, 상대방이 술에 잔뜩 취했거나 의식이 뚜렷하지 않은 허점을 이용한 부당한 성관계는 있을 수 없다.

연인 사이의 성관계는 여성이 먼저 은근히 유혹할 수도 있지만, 아무래도 거의 대부분 본능적으로 성적 욕구가 강한 남성이 먼저 요구하는 것이 일반적이다. 물론 연인끼리는 허물없이 무슨 말이든 자유롭고 편하게 할 수 있기 때문에 성적인 욕구나 호기심도 자연스럽게 이야기할 수 있다. 또 말보다 행동이 앞서더라도 별문제가 되지 않는 것이 연인 사이다.

거리를 함께 걷다가 모텔 앞에서 남성이 "저기 들어가자." 하면 여성은 "……난처하게 왜 이래?" 하면서도 못이기는 척 따라 들어가기도 한다. 성관계를 하는 동안 "진짜 사랑해",

"너무 좋아." 하는 정도의 말을 하면 여성의 마음이 한결 편해지고 심적 부담이나 부끄러움도 줄어든다.

문제는 여성의 생각을 모르면서 남성이 성적 욕구를 표현할 때다. 이런 경우에는 어쩌면 연인 사이라도 가장 어려운 대화가 될 수 있다. 이럴 때 남성은 두 사람의 사랑에 대한 확신이 있어야 하고 여성이 자신을 얼마나 신뢰하는지 알아야 한다.

이 같은 확신이 있다면 남성은 "너를 만지고 싶다.", "너하고 같이 자고 싶어.", "너하고 섹스하고 싶거든." 하며 직설적으로 표현할 수도 있다. 하지만 그럴 때 여성이 "난 싫어.", "아직 성관계는 하고 싶지 않아." 하고 역시 직설적으로 거절할 수도 있지만 무척 부담을 느끼며 난처해할 수 있다.

여성이 머뭇거리고 말이 없다면 표정과 태도를 보며 그녀의 의사를 판단해야 한다. 거부 의사가 뚜렷하더라도 강요하거나 애원하는 것은 바람직하지 못하다. 여성이 거북스러워하면 "미안해.", "그냥 해본 소리야." 하면서 다른 화제로 바꾸는 것이 좋다.

교제기간이 짧거나 아직 친밀감과 유대감이 깊어지지 않

은 상태에서, 여성의 의사를 전혀 모르면서 성적 욕구를 표현할 때는 대화가 더욱 쉽지 않다.

"우리, 이제 섹스할 때 됐잖아?", "너하고 섹스하고 싶거든. 안 되겠니?", "한 번만 내 부탁 들어줘라." 하면서 매달리거나 애원하며 졸라대면 여성은 무척 부담스럽다. 여성이 전혀 성적인 의사가 없는 경우라면 그 때문에 두 사람 관계가 갑자기 멀어질 수도 있다.

여성의 의사를 모른다면 여성에 대한 존중과 배려가 필요하다. 따라서 성적인 대화도 우회적이고 간접적인 것이 좋다.

"너는 성적인 호기심이나 욕구가 생길 때가 있어?"

"나는 너를 만나서 같이 있을 때 자주 그런 욕구를 느껴."

"우린 언제쯤 함께 밤을 보낼 수 있을까?"

"너하고 헤어지기 싫어. 너하고 밤새도록 이야기하고 싶다."

이런 정도로 의사 표현을 하면 여성도 단번에 알아듣고 거부하든 수용하든 비교적 편하게 자신의 생각을 말할 수 있다. 만일 여성이 거부 의사를 나타낸다면 다음 기회로 미루고 화제를 바꾸는 것이 좋다.

연인 간의 성문제와 관련해서 한 가지 알아둬야 할 것은, 성관계를 갖고 나면 두 사람의 관계가 더욱 친밀해지고 사랑이 깊어지기도 하지만 오히려 멀어지는 경우도 있다는 사실이다. 또 한번 성관계를 갖고 나면 그것이 관행이 돼서 만날 때마다 성관계를 갖기 쉽다.

또한 남성들은 사랑과 성적 충동을 혼동하는 경우가 많다는 것을 알아야 한다. 남성은 여성에게 사랑한다고 매달리지만 성관계를 갖기 시작하면 자신의 성적 욕구를 충족시키려고 더욱 집착하며, 여성보다 우위에 서려고 하고, 태도가 눈에 띄게 달라지는 경우가 흔하다.

맞선의

대화

남녀가 첫 만남을 갖게 되는 형태는 크게 두 가지다. 연애와 중매가 그것이다. 연애와 중매에는 큰 차이점이 있다. 이성교제는 '사랑'과 '조건'이 선택과 판단의 중요한 기준이 된다는 것은 누구나 다 알고 있는 사실이다. 연애는 사랑이 우선하고 중매는 조건이 우선한다는 것이 큰 차이점이다.

중매는 결혼정보사나 잘 아는 사람의 추천과 소개로 이루어진다. 연애는 이성끼리 사랑이나 호감을 느껴 서로 사귀면서 상대를 파악해가는 과정이 있지만, 중매는 대부분의 경우에 중매자에 의해 상대 이성의 신상정보를 파악한 뒤에 결혼을 전제로 만남이 이루어진다.

중매 과정에서 상대 이성의 신상정보를 어느 정도 파악하면 본인 스스로 일차적인 판단을 하게 된다. 자신의 취향과 기대치를 얼마나 충족시키는지, 자신의 물리적인 환경이나 여건과 견주어 너무 과분하거나 너무 뒤떨어지는 상대는 아닌지, 상대방의 가족 구성이나 가풍, 부모의 성격, 성품 등 갖가지 점들을 검토해서, 중매자의 강압과 강요가 아니라면 어느 정도 긍정적으로 판단했을 때 비로소 만나게 된다.

어떠한 과정을 거쳤든 낯선 이성과의 첫 만남이 바로 '맞선'이다. 맞선은 국어사전에서도 '결혼을 전제로 남녀가 직접 만나서 서로의 용모와 태도 따위를 알아보는 만남'으로 풀이하고 있다.

어찌 되었든 맞선이 정해지면 약속 시각을 반드시 지키고 남자는 10분 전쯤 미리 도착해서 여자를 기다리는 것이 좋다. 맞선은 배우자가 될 수 있는 이성과의 첫 만남이기 때문에 첫 인상이 매우 중요하다. 단정한 용모와 색상이 요란하지 않은 옷차림이 무난하다. 입사시험에서 면접 볼 때와 같은 옷차림이 좋다.

맞선은 낯선 남녀가 처음 만나는 것이니만큼 대화가 무척 어색할 수밖에 없다. 낯선 이성과의 첫 만남일 뿐 아니라 결혼을 전제로 하기 때문에 더욱 어색하다. 또한 마주 앉으면 순간적으로 서로 첫 인상을 주시하고 외모, 체격, 분위기 등을 재빨리 탐색하기 때문에 쉽게 말문이 열리지 않는다.

아무리 이미 사진을 봤으며 신상에 대해 많은 정보를 가지고 있다고 하더라도 직접 보는 것과 다르다. 서로의 첫 인상과 처음 만난 이성에 대한 순간적인 느낌과 판단이 결혼 여부에 큰 영향을 미친다.

어느 한쪽이 '이 사람은 아니다'라는 판단이 서면 대화는 더욱 어려워진다. 두 사람이 모두 '내 배우자감이 아니다'라고 판단했다면 대화 자체가 불가능하다고 해도 과언이 아니다. 그렇더라도 중매자에 대한 예의를 지키고, 상대방의 인격과 체면을 존중하고 배려해서 적당히 대화를 하는 것이 예절에 맞는다. 순간적이지만 서로 호감을 느꼈다면 분위기가 어색해도 긍정적인 대화가 이루어진다.

대화는 아무래도 남자가 먼저 말문을 여는 것이 좋다. 서로 품위와 매너를 지켜가며 대화를 하되 솔직하지 못한 가식적인 태도와 언행은 삼가야 한다. 대화의 시작은 상대방에 대한 칭찬으로 말문을 여는 것이 좋다. "이야기를 들은 것보다 훨씬 예쁘시네요.", "지적인 분위기가 저절로 느껴집니다.", "패션 감각이 뛰어나신가 봐요. 옷차림이 무척 세련돼 보여요.", "인상이 참 좋으시네요. 누구에게나 호감을 주는 인상이네요."와 같은 말이 무난하다.

이어 "얘기 들으셔서 알고 계시겠지만 저는……" 하면서 간단한 자기소개를 주고받는다. 이어서 그 소개를 바탕으로 서로 갖가지 질문을 하게 된다. 대화가 끊어지지 않게 질문의 꼬리를 잇는 요령이 필요하다.

자기소개를 하는 과정에서 너무 장황하게 늘어놓거나 자기과시와 허세, 자랑이 심하면 오히려 상대방이 실망한다. 질문할 때 정치, 이념, 종교와 관련된 질문은 피해야 하며 직장에서의 위치와 연봉을 묻는 것도 실례이다. 그뿐 아니라 과거에 이성을 사귄 경험이나 성性과 관련된 질문같이 상대방이 대답하기 곤란한 질문은 반드시 피해야 한다. 중요한 것은 과거가 아니라 두 사람의 미래다. 상대방의 이야기는 귀 기울여 진지하게 듣고 반응하거나 호응함으로써 적극적으로 대화를 유도하는 것이 바람직하다.

맞선은 서로 상대방을 탐색하는 과정으로 이성을 처음 사귈 때나 다름없다. 서로 호감을 느꼈다면 다음에 다시 만날 약속을 하게 된다. 첫 만남부터 장소를 옮겨가며 너무 긴 시간 이야기하는 것은 피하는 게 좋다.

상대방에게 질문하고 대답할 때 '예' '아니오'처럼 단답형으로 대답하는 것은 실례이다. 그것은 상대방에게 마음이 없다는 뜻을 나타내는 것이기도 하다. 남녀가 모두 상대방에게 마음이 없다는 느낌을 받았다면 억지로 무의미한 대화를 이어가기보다 예의를 갖추고 적당히 끝내는 것이 좋다. "시간 내주셔서 감사합니다.", "저한테 뜻깊은 시간이었습니다."와 같이 예의를 갖춘 인사말과 함께 "제 생각을 ○○○중매자한테 말씀드리겠습니다." 정도로 하는 것이 좋다.

아무튼 상대방이 무안하지 않게 마무리해야 한다. 헤어질 때도 남자는 여자에게 택시를 잡아주거나 버스정류장, 지하철역까지 배웅하는 것이 자신에게 관심을 가져준 것에 대한 예의다.

갈등
극복을 위한

대화

안타깝게도 우리는 심각한 갈등 사회에 살고 있다. 이념 갈등이나 노사 갈등 같은 국가적·사회적인 공적 갈등뿐만 아니라 저마다의 사생활에도 온갖 갈등이 넘쳐난다. 부모와 자식, 형제자매, 일가친척 등 혈육 간의 갈등을 비롯해서 부부 갈등, 연인과의 갈등, 친구나 동료와의 갈등, 직장에서의 갈등 등 헤아릴 수 없이 많은 갈등으로 정신적 고통을 겪으며 살아가고 있다.

더욱이 이 시대의 사적인 갈등은 예전에는 볼 수 없었던 극단적이고 충격적인 행동으로 파멸을 가져오고 있어 더한층 사회문제가 되고 있다. 이를테면 부부, 부모와 자식, 형제 자매 등 가족 간에 살인과 폭력 등 패륜행위가 끊임없이 발생하고 있으며 연인 사이의 데이트 폭력이나 이별범죄는 세대를 막론하고 발생하고 있는 것이 현실이다. 모두 갈등이 그 원인이다.

30대의 젊은 아들이 아무 일도 안 하면서 부모에게 끊임없이 돈을 요구하다가 부모가 거절하자 살해하는 끔찍한 범죄가 벌어졌으며, 부모에게 재산 상속을 요구하다가 거절당하자 상속을 빨리 받겠다는 속셈으로 부모를 살해한 사건도 있었다.

필자가 주변에서 직접 목격한 극단적인 갈등도 여럿 있다.

중고등학교 교장으로 은퇴한 아버지가 퇴직금을 아들이 사업을 하겠다며 집요하게 요구하자 할 수 없이 내줬는데, 그 돈을 모두 날리고 엄청난 부채까지 져서 집이 경매에 넘어가 오갈 데 없는 처량한 신세가 되었다는 얘기를 들었다. 또 어머니가 돌아가셨는데 자식 3남매가 장례식 때 들어온 조의금 배분을 놓고 치열하게 다투다가 서로 의절하고 소송까지 가는 일도 있었다.

이러한 사적인 갈등은 대부분 금전 문제가 발단이지만 자식에 대한 지나친 부모의 편애, 부부의 외도, 성격 차이, 오해, 직장 업무와 관련해서 상사나 동료와의 갈등, 인격 모독 등 매우 다양한 형태의 갈등 요소들이 있다.

그 때문에 부모와 자식이, 형제와 자매가, 친구와 동료가 인연을 끊고 절교 상태에 이르기도 한다. 연인 간에도 폭력을 견디지 못하고 헤어지려는 상대방에게 극단적으로 앙갚음하는 충격적인 사건이 벌어지기도 한다.

어떠한 이유로든 갈등을 겪는 당사자들은 마음이 편할 리 없다. 갈등이 항상 마음에 걸리고 정신적 부담이 되어 무거운 스트레스로 작용한다. 혈육이든 부부든 친구나 동료든 연인이든, 친밀했던 인연을 끊는다고 갈등이 사라지는 것은 아니다. 오히려 그러한 절연 상태가 오래갈수록 갈등은 더욱 악화될 뿐이다. 이럴 때는 무조건 상대방을 멀리할 것이 아니라 어떠하든 갈등을 해소해야 한다.

물론 갈등의 골이 깊고 단절 기간이 길수록 갈등을 극복하고 관계를 회복하는 일이 쉽지 않다. 그렇더라도 서로 외면하고 살 것이 아니라 어떻해서든지 관계를 회복하는 것이 갈등 당사자들의 성장과 발전에 크게 도움이 된다. 당면한 갈등을 극복하고 나면 마음이 한결 가벼워져 의욕이 생길 뿐 아니라 하는 일에 집중할 수 있기 때문이다.

그러면 어떻게 해야 갈등을 극복할 수 있을까?

서로 외면하고 지내지만 갈등 해소를 은근히 바라고 있는 사람들은 우선 손쉬운 방법으로 제3자를 동원하려고 한다. 갈등을 겪고 있는 양쪽 당사자를 모두 잘 알고 있는 사람을 내세워 화해하고자 한다. 또는 제3자가 자발적으로 화해를 시키기 위해 적극적으로 나서기도 한다. 하지만 그다지 효과적인 방법은 아니다. 체면과 자존심을 상하지 않으려고 제3자를 내세우지만 성공 확률이 높지 않다.

제3자가 화해를 별로 달가워하지 않는 쪽을 만나 중재하려고 하면 그들이 하는 말은 대개 비슷하다. "나는 아무 잘못이 없어. 모두 그 자식 잘못이야.", "중간에 누굴 내세우지 말고 직접 찾아오라고 그래." 하고 말하는 경우가 대부분이다. 또한 화해를 하게 되면 결국 당사자들이 만나게 될 터인데 서로 어색할 수밖에 없다.

따라서 갈등을 해소하는 최선의 방법은 당사자들끼리 직접 만나는 것이다. 이때 몇 가지 유의할 점이 있다.

첫째, 체면과 자존심을 접어야 한다.

둘째, '역지사지'다. 상대방의 입장을 먼저 생각해야 한다.

셋째, 어느 쪽에 잘못이 있는지 따지지 말아야 한다.

넷째, 상대방의 주장을 끝까지 다 듣고 수용할 부분은 흔쾌히 받아들여야 한다.

화해를 위해 상대방을 만나고자 한다면 과감한 용기가 필요하다. 전화나 문자로 만나자고 하는 것은 좋은 방법이 아니다. 당연히 상대방은 화를 내며 "내가 왜 너를 만나야 돼?" 하며 거부할 것이다. 자존심 때문이다. 되도록 아무 연락 없이 찾아가는 것이 좋다.

상대방과 만나게 되면 체면이나 자존심을 버리고 일단 저자세를 취해야 한다. "너하고 불편한 관계가 되면서 도무지 마음이 편치 않아서 견디기 어려웠다. 나한테 잘못이 있다면 사과하고 용서를 빌려고 왔어." 하고 머리를 숙이며 진정한 태도를 보여야 한다.

그러면 상대방은 대개 불만과 분노 등을 쏟아놓으면서 공박하고 질책한다. 그럴 때 상대방의 말을 끊지 말고 진지하게 끝까지 다 들어야 한다. 그다음에는 '역지사지', 즉 상대방의 입장에서 생각하며 자신이 조금이라도 잘못했거나 오해한 부분이 있다면 "너의 입장에서는 충분히 그렇게 생각할 수 있겠다."며 솔직하게 사과하고 용서를 구하도록 한다.

조금 억울한 부분이 있더라도 변명하거나 진실을 말하면서 맞서기보다 참는 것이 좋다. 관계가 회복되면 진실을 말할 수 있는 기회는 얼마든지 있다. 다행히 상대방의 태도가 누그러져서 술이나 한잔하자든지 함께 식사하자고 하면 당연히 받아들여야 한다. 그리고 그러한 화해하는 자리에서는 지금까지 갈등했던 이야기는 한마디도 꺼내지 말고 새로운 화제로 대화하는 것이 좋다.

그러나 상대방이 "알았으니 가봐." 한다든지, 바쁘다거나 다른 약속이 있다든지, 아니면 전혀 말이 없다든지 하면 화해할 마음은 있지만 아직 마음을 활짝 열 준비가 안 된 것이다. 그럴 때는 상대방이 마음을 가다듬을 시간을 줘야 한다. 한동안 연락하지 않고 있다가 다시 연락하면 그때는 상대방의 태도도 많이 달라져 있을 것이다.

다른 사람과의 갈등과 스트레스가 없어야 하는 일도 잘된다. 적당한 스트레스는 필요하다지만, 가슴을 짓누르는 무거운 스트레스가 없어야 하루하루가 즐겁고 행복하다.

추궁과

질책의 대화

살다 보면 항상 좋은 말만 할 수는 없다. 가정에서 부모
와 자식 간에, 형제자매 간에, 때로는 부부간에도 추궁하고
질책해야 할 때가 있고, 친구와 동료 사이, 연인 사이에도 어
떤 사안을 두고 질책할 때가 있다. 직장과 사회에서도 마찬
가지다. 책임과 잘잘못을 놓고 추궁해야 하고 질책해야 할
경우가 적지 않다.

누구에게나 항상 칭찬만 할 수도 없다. 화가 날 때는 화
를 내는 것이 당연하며 추궁하고 질책할 일이 있다면 분명히
해야 한다. 그것은 추궁과 질책을 당하는 상대방을 위해서도

바람직한 일이다. 그것이 상대방에게 자극을 주는 훈육이며 올바른 길로 이끌고 더욱 분발하게 하는 교화教化이다.

지방의 어느 대학병원에서 교수가 인턴과 레지던트들을 꾸짖을 때 욕설은 말할 것도 없고 심하게 폭행해서 큰 문제가 됐었다. 지금은 많이 사라졌다지만 각급 학교 체육부에서 감독이나 코치가 운동선수들을 폭행하는 것은 거의 관행이나 다름없었다.

대학병원 교수의 지나친 욕설과 폭행은 지탄받아 마땅하지만 그 교수는 제자들이 긴장하고 집중해서 의술을 열심히 배우고 익히도록 하기 위한 엄격한 행동이었다고 변명할 것이다. 체육부의 감독이나 코치도 마찬가지다. 폭행으로 자극을 주고 고통을 줘야 선수들이 꾀부리지 않고 열심히 훈련하고 경기할 때 집중한다고 말할 것이다.

옛날 도제식 교육에서 스승이 제자를 회초리로 때리는 등의 체벌은 당연한 관습이었다. 제자의 부모는 오히려 스승을 옹호하며 자기 자식에게 너욱 심한 매질을 해서라도 사람을 만들어달라고 당부했다. 하지만 지금은 크게 다르다. 각급 학교에서도 체벌이 금지된 지 오래다. 만일 자기 아이가 학교에서 체벌을 받았다면 부모는 학교까지 찾아와 교사에게 항의할 것이다.

하기는 불법행위임에도 불구하고 군대를 비롯한 곳곳에서 체벌이 자행되고 있는 것은 잘 알려진 사실이다. 손이나 도구를 이용해서 신체에 직접 폭력을 가하는 체벌뿐 아니라 기합이라는 가혹한 물리적 행위도 불법이다. 결국 추궁이나 질책은 대화를 통하는 것이 정상적인 방법이다.

대화에서 추궁, 질책, 꾸중에는 야단치고 화를 내는 사람과 야단맞고 추궁과 질책을 당하는 사람이 있다.

야단치는 쪽은 상대방이 잘못이나 실수를 했거나 무엇인가 자신의 마음에 들지 않는 행동을 했을 때 심하게 질책하는 것이다. 그렇더라도 절대로 이성을 잃어서는 안 되며 감정이 앞서서도 안 된다. 냉정하게 나에게는 책임과 잘못이 없는지부터 깊이 생각해봐야 한다. 나의 명령과 지시가 잘못되어 그것을 실천하는 과정에서 시행착오가 있을 수 있다.

그렇다면 내 탓이다, 내 잘못이다, 나 자신을 질책하며 모든 책임을 질 수 있어야 한다. 그럴 때 잘못 시행한 쪽에서도 감동을 받고 자신들에게도 과오가 있었음을 인정하며 더욱 분발하게 된다.

야단맞는 쪽의 잘못이나 실수가 분명하다면 그 사실을 지적하며 추궁하고 질책해야 한다. 그런 경우에도 이성을 잃고 흥분해서 크게 화를 내며 욕설을 퍼붓고 일방적으로 무작정 질책해서는 좋은 성과를 얻지 못한다.

이성을 잃고 흥분해서 마구 날뛰면 야단맞는 쪽은 잘못이 있더라도 그에 대한 반성보다 반발심이 생기기 마련이다. 입으로는 잘못했다면서 위기를 모면하려고 하지만 속으로는 강하게 반발하며 은근히 적대감을 갖게 된다.

누군가를 야단칠 때는 몇 가지 명심해야 할 것들이 있다.

첫째, 상대방의 잘못을 구체적이고 논리적으로 차분하게 지적해야 공감을 얻을 수 있다.

둘째, 상대방의 잘못이 크더라도 너무 궁지로 몰아붙이면 안 된다. 슬며시 빠져나갈 여지를 줘야 심기일전해서 잘못을 되풀이하지 않는다. 더욱이 내 마음에 들지 않는다고 상대방을 심하게 질책하는 것은 이기적인 횡포다. 상대방은 그 까닭을 알기도 어렵거니와 여간해서 수긍하지 않는다. 오히려 공연히 화풀이한다고 생각하기 쉽다. 무엇이 문제인지 객관성과 타당성 있는 이유를 들어 구체적으로 지적해야 상대방이 납득한다.

셋째, 질책이 끝나갈 때는 슬쩍 상대방을 격려하는 것이 효과적이다. "너는 잘할 수 있어. 그런데 실수를 하니까 내가 화가 난 거야", "넌 원래 실수할 사람이 아냐. 내가 도무지 이해할 수 없어서 화가 나는 거야", "그렇게 땀 흘리며 열심히 했는데 결과가 그 모양이니까 너무 안타까워서 그러는 거야"와 같은 위로와 격려의 말을 하면 야단맞는 쪽도 한결 마음이 편해진다.

야단맞는 쪽도 명심할 것이 있다.

첫째, 자신의 잘못이나 실수가 분명하다면 어설픈 핑계나 빤한 변명 또는 남을 탓하지 말고 솔직하게 시인하고 "잘못했습니다. 다시 하겠습니다", "죄송합니다. 분발하겠습니다" 등의 사과와 용서를 구하는 것이 좋다. 속 보이는 핑계나 변명, 남 탓은 질책하는 쪽을 더욱 화나게 한다.

둘째, 결코 자신의 잘못이나 실수가 아닌데 억울하게 누명을 썼더라도 무작정 대들지 말아야 한다. 일단 추궁과 질책을 진지하게 끝까지 다 들어야 한다. 상대방이 "어떡할 거야?", "책임지겠어?", "할 말 있어?"와 같이 추궁할 때 차분하게 "저한테 잘못이 있다면 전적으로 책임지겠습니다. 하지만 한 번 더 내용을 잘 살펴봐주시기 바랍니다." 하고 정중하게 부탁하는 것이 좋다. 그러면 질책하는 사람은 흥분과 화가 가라앉은 다음에 다시 한 번 확인할 것이다.

그리고 "미안해. 내가 잘못 알았어." 하고 질책한 사람이 사과를 하면 "괜찮습니다. 착각하실 수 있습니다." 정도로 예의를 갖추고 아무 일 없었던 것처럼 다시는 그 문제를 거론하지 않는 것이 좋다.

설득과

기질의 대화

인간의 삶은 끊임없이 선택과 결정이 이어지는 기나긴 여정이다. 우리는 거의 매일 무엇인가 판단하고 행동하며, 크든 작든 선택하고 결정해야 한다. 청소년 시기에는 진로와 전공, 대학을 선택하고 결정해야 하며 청년기에는 가정을 이루고 평생을 함께할 배우자와 직장과 직업을 선택하고 결정해야 한다. 이 밖에도 수많은 선택이 우리를 기다리고 있다. 잘못된 선택과 결정은 인생에 결정적인 영향을 미치는 만큼 신중해야 한다.

이러한 과정에서 우리는 누군가를 설득해야 하고 또 누군가의 요청을 거절해야 한다. 남을 설득하는 것도 어려운 일이며 가까운 사람의 간절한 요구와 부탁을 거절하기는 더욱 어려운 일이다.

설득과 거절은 대화를 통해서 이루어진다. 자칫하면 그 때문에 가까운 사람이나 꼭 필요한 사람과 헤어지거나 인연을 끊는 지경에 이르기도 한다. 과연 어떻게 말을 해야 상대방을 설득할 수 있고, 어떻게 말해야 상대방의 요청을 서로 불편하지 않게 거절할 수 있을까.

설득은 사회 구성원들과 더불어 살아가는 데 필수적인 의사소통 수단이다. 각종 광고, 홍보, 선전도 소비자나 불특정 다수를 설득하기 위한 것이며 선거 때 입후보자들이 군중 앞에서 열변을 토하는 것도 유권자를 설득하려는 것이다.

정치는 그 행위 자체가 국민들을 설득하는 것이며 온갖 비즈니스도 설득이라고 할 수 있다. 영업도 곧 고객을 설득하려는 것이다. 좀 더 폭넓게 이야기하면, 민주주의는 바로 설득의 이데올로기라고 해도 과언이 아니다. 설득은 이처럼 국민, 소비자, 불특정 다수를 위한 소통수단일 뿐 아니라 개인과 개인의 대인관계에서도 의사소통을 위해 반드시 필요하다.

설득과 관련해서 꼭 알아둬야 할 기본원칙은 상대방에게 억지로 강요하거나 강제하거나 강압적이어서는 안 된다는 것이다. 그 과정에서 상대방이 불쾌감을 갖거나 불만을 갖는다면 설득이 될 수 없다. 어쩔 수 없이 수용하더라도 그것은 설득이 아니라 복종하는 것이다. 설득은 어디까지나 상대방과 대등한 입장에서 대화로써 의사소통을 하여 공감을 이끌어내야 하는 것이다.

그러기 위해서는 대화의 기술이 필요하다. 고대 그리스의 철학자 소크라테스는 설득의 세 가지 조건으로 남을 설득하려는 논리와 증거, 상대방의 심리에 대한 파악, 자신의 성품이나 매력이 중요하며 진실성, 신뢰성이 있어야 한다고 주장했다.

또한 설득과 협상의 전문가들은 설득하려는 사안에 대해 철저하게 준비해야 하며, 말을 재미있게 할 수 있어야 하고, 상대방의 말에 귀를 기울여야 한다고 지적했다. 상대방의 말을 열심히 경청해야 상대방도 나의 말을 열심히 듣는다는 것이다. 아울러 아무리 꺼내기 힘든 말이라도 적당한 타이밍에 어물거리지 말고 과감하게 해야 하며, 이때는 무엇보다 서로 간의 신뢰가 중요하다고 했다.

설득은 어떤 의도와 목적을 이루기 위해 상대방에게 제안해서 상대방이 그것을 받아들이고 협조하거나 동조하게 하는 것이다. 그러자면 상대방과 순조롭게 의사소통이 이루어지고 공감할 수 있도록 해야 한다.

미국 와튼스쿨의 스튜어트 다이아몬드 교수는 우리나라에서도 베스트셀러였던 저서 《어떻게 원하는 것을 얻는가》에서 설득과 협상은 50% 이상이 인간 대 인간의 관계이며, 설득하려는 사안 그 자체의 비중은 10%에 불과하다고 주장했다. 설득하려는 사람과 상대방의 감정, 진실성, 신뢰성 등이 전제돼야 한다는 뜻이다.

상대방의 상황이나 입장을 배려하는 '역지사지'도 중요하다. 그렇지 못하면 의사소통이 제대로 될 리가 없다. 범죄행위나 불법행위를 정당화하는 설득은 있을 수 없으며 상대방이 큰 부담을 느끼거나 불이익을 감수해야 하는 설득은 바람직하지 않다. 설득하려는 사안 자체보다 상대방과의 교감이 먼저 이루어져야 한다.

거절은 제안이나 요구를 받아들이지 않는 것이다. 물론 내가 상대방의 요구를 거절해야 할 경우도 있고 내 요구를 상대방이 거절하는 경우도 있다. 앞에서 지적했듯이 거절도 서로의 인간관계가 우선하기 때문에 결코 쉬운 일이 아니다. 나의 요구를 거절당하는 것보다 내가 상대방의 요구를 거절하기가 더 힘들다.

특히 거절하기 힘든 몇 가지 경우로는 가까운 친구나 일가 친척 또는 직장의 상사나 동료의 부탁, 집요한 이성교제 요구 등이 있을 것이다.

가까운 친구나 일가친척으로부터 돈을 빌려달라는 금전적 인 부탁, 보증을 서달라는 부탁을 받으면 참으로 난처하다. 또 직장의 상사나 동료가 처리하기 힘든 일을 떠넘길 때, 불이익 을 감수하라고 요구할 때 거절하기가 쉽지 않다. 또한 전혀 관 심이 없는 이성이 끈질기게 사귀자고 요구할 때도 마찬가지다.

인간관계나 상하관계를 고려하면 도저히 거절하기 힘들지 만 그렇더라도 반드시 거절해야 할 것은 거절해야 한다. 거절은 인간관계를 생각해서라도 상대방이 불쾌하지 않게 부드럽게 거절하는 것이 요령이다. 하지만 거절할 수밖에 없다면 확실하게 거절해야 한다. 당장 난처한 상황을 모면하기 위해 결정을 뒤로 미루거나 불확실한 태도를 보이면 그 상황이 좋아지는 것이 아니라 오히려 더욱 악화되기 쉽다.

더욱이 난처한 상황을 모면하기 위해 빤한 거짓말을 하거나 적당히 얼버무려서는 안 된다. 하기는 거짓말을 해야 할 때도 있는데, 이성교제에 대한 거절이다. 상대방이 집요하게 매달리면 피하기가 쉽지 않다. 그럴 때 "저, 사랑하는 사람 있어요.", "사귀는 사람 있어요.", "전 약혼자가 있습니다." 등 선의의 거짓말을 할 수 있다.

19세기 미국의 소설가 마크 트웨인은 "어떻게 말해야 하나 괴로울 때는 진실을 말하라."고 했다. 설득이든 거절이든 힘들더라도 진실을 말해야 뒤탈이 없다. 난처하고 난감한 상황은 빨리 끝내고 잊어버리는 것이 좋다. 설득이든 거절이든 5분을 넘기지 말라는 전문가들의 조언도 있다.

천국에서 쓰는
7가지 말

우리가 일상적으로 사용하는 말 가운데서 가장 아름다운 말은 무엇일까? 흔히 '천국에서 쓰는 7가지 말'이라고 하는 아름다운 말, 좋은 말이 있다.

- 미안해요
- 괜찮아요
- 좋아요
- 잘했어요
- 훌륭해요
- 고마워요
- 사랑해요

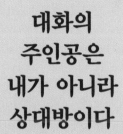

Part 4

대화의
주인공은
내가 아니라
상대방이다

○

대화는
말하는 사람의
인격과 수준을
나타낸다

○

지금까지 화법, 화술, 대화의 요령과 기술 등에 대해서 다양하고 폭넓게 살펴봤다. 말하기, 특히 상대방과 마주 보면서 말을 주고받는 '대화'는 그저 입에서 나오는 말을 쏟아놓는 것이 아니라 상당한 요령과 기술이 필요하다는 것을 짐작했을 것이다.

더욱이 상대방에게 원하는 것을 얻어내고자 한다면 더한층 소통할 수 있는 말, 공감을 주는 말이 필요하다는 섯을 깨달았을 것이다. 바람직한 대인관계에서 대화의 중요성과 재미있게 말하는 사람이 성공한다는 점도 인지했으리라 생각한다.

여기서는 그러한 원만하고 효율적인 대화의 요점들을 다시 한 번 되짚어보면서 성공적인 대화를 위해 잊지 말아야 할 점들을 점검해보려고 한다.

이 세상에 말을 할 수 있는 생명체는 인간밖에 없다. 우리는 수많은 사람들이 사회를 이루고 어울려 살아가며 말을 통해 서로 소통한다. 말을 하지 않으면 원만한 삶을 이끌어 갈 수 없다.

말할 상대가 없거나 공동체 생활을 거부하고 혼자 방에 틀어박혀 아무 말도 하지 않는 '은둔형 외톨이'가 사회현상으로 대두된 지 오래다. 하지만 그들의 삶이 정상적이라고 할 수는 없다. 말할 상대가 없는 사람들 가운데는 외로움을 견디지 못해 스스로 목숨을 끊거나 고독사하는 경우가 적지 않다.

정상적으로 가정생활이나 사회생활을 하는 사람이라면 하루에도 수없이 많은 말을 한다. 가족을 비롯해서 이웃과 친구와 동료는 말할 것도 없거니와 상점에 가도 종업원과 말을 해야 하고, 비즈니스에서도 말을 해야 하고, 길을 묻기 위해서도 낯선 사람과 말을 해야 하고, 공공기관을 찾아가서도 자신이 원하는 것을 말하고 담당자와 대화를 해야 한다. 때로는 상대방과 뜻하지 않게 시비가 붙어 서로 말다툼을 벌이기도 한다.

'죽은 자는 말이 없다'고 하듯 살아 있는 사람은 말을 해야한다. 말을 주고받는 상대방은 서로 잘 아는 가까운 사이일 수도 있고, 낯설거나 처음 만나는 사람일 수도 있으며, 말하기에 따라 이해관계에 큰 영향을 미치는 사람일 수도 있다.

이처럼 다양한 형태의 대화에서 말하는 사람이 결코 잊지 말아야 할 한 가지는 내가 하는 말은 곧 나의 모든 것을 상대방에게 숨김없이 드러낸다는 사실이다. 말투나 말씨만으로도 그 사람의 현재 감정 상태를 단번에 알 수 있고, 그 사람의 고향이 어딘지 짐작할 수 있으며, 신분과 지위와 대략의 나이와 지적 수준까지 얼추 유추할 수 있다. 또한 그 사람의 인간성이나 성격, 성품, 사고방식, 인생관, 가치관도 충분히 알 수 있다.

사람이 하는 일이나 직업에는 특성이 있어서, 조폭은 조폭처럼 말하고 교수나 교사는 "그러면 안 되지." 하고 타이르며 훈계하려고 든다. 크든 작든 권력이 있거나 재산이 많으면 목에 힘이 들어가 상대방보다 우위에 서서 위압적으로 말한다.

경제적으로 성공한 사람은 말투에 자신감이 있고 가난하거나 어려운 처지에 있는 사람은 스스로 위축되어 말에 힘이 없다. 질병이 있는 환자는 목소리가 가늘고 힘이 없으며 건강한 사람은 목소리도 우렁차다. 의사는 문진할 때 말과 목소리와 표정을 감안하면서 환자의 상태를 어느 정도 판단할 수 있다.

그뿐 아니다. 말투로 말하는 사람의 학력이나 지적 수준도 대략 짐작할 수 있다. 말하는 사람은 자기도 모르게 무의식적으로 자신의 모든 것을 드러내는 것이다. 자신의 신분이나 수준을 감추려고 의도적으로 과장하고 허풍을 떨어봤자 상대방은 그가 가식적이라는 사실을 금방 알아차린다.

이처럼 무심코 꺼내는 말 한마디 한마디가 나의 모든 것을 한순간에 드러낸다. 그것이 아주 가깝게 지내는 친구나 동료와 농담을 하는 것이 아니라면 말을 신중하게 해야 하는 이유다. 거짓이 없고 진정성 있는 말이 상대방에게 신뢰감을 주고, 상대방의 말을 진지하게 듣고 그를 존중할 때 상대방도 나에게 호감을 갖고 긍정적으로 평가한다는 사실을 명심하자.

대화는

상대방의 심리
파악이 먼저다

대화의 특성은 내가 하는 말을 들어주는 상대방이 있다는 것이다. 나와 상대방이 서로 교감하면서 말을 하고 말을 듣는 것이 대화다. 상대방이 내가 하는 말을 제대로 듣지 않는다면 대화의 의미가 없다. 바꿔 말하면 서로 상대방의 말을 듣도록 하는 것이 대화다.

하지만 많은 사람들이 대화의 과정에서 말을 들어줘야 할 상대방의 현재 여건이나 감정 등을 전혀 고려하지 않은 채 일방적으로 내 뜻대로 대화를 이끌어가려는 오류를 범하곤 한다. 상대방이 내가 하는 말을 듣거나 말거나 일방적으로 내 생각과 주장만을 말한다면 좋은 결과를 얻을 수 없다.

앞서 대화할 때의 기본적인 마음가짐은 '역지사지'라는 점을 분명히 밝혔다. 대화를 원만하고 성공적으로 이끌려면 나보다 상대방의 입장에서 생각하라는 것이다. 특히 내가 상대방에게 원하는 것, 얻어내고자 하는 뚜렷한 목적이 있을 때는 더욱 그렇다.

대화는 상대적이다. 나의 현재 상황과 상대방의 상황이 같을 수 없으며, 나의 감정과 상대방의 감정이 똑같을 수 없다. 나에게 다급한 일이라고 해서 상대방도 다급한 것은 아니다.

그러므로 원만한 대화, 만족스런 대화를 바란다면 상대방의 심리 상태부터 파악하는 것이 중요하다. 더욱이 상대방에게 원하는 것이나 얻어내고자 하는 것이 있을 때 상대방의 심리 상태를 무시한 채 내 주장과 요구만 쏟아놓았다가는 아무것도 얻지 못하기 쉽다. 협상이나 설득을 위한 대화도 마찬가지다.

전화통화를 할 때도 상대방이 "여보세요." 하고 전화를 받으면 가장 먼저 상대방에게 하는 말이 "안녕하세요? 저 ○○

○입니다. 지금 통화가 괜찮겠습니까?" 하며 상대방의 상황을 묻는 것이 예의다. 상대방이 지금 회의를 하고 있는지 운전을 하고 있는지 몹시 급한 일을 처리하고 있는지, 상대방의 사정을 모르기 때문이다. 상대방이 "네, 괜찮습니다." 하면 비로소 나의 용건을 이야기해야 한다.

이러한 것이 상대방에 대한 존중과 배려이며 심리 상태를 파악하는 방법이다. 상대방이 상사에게 심한 질책을 당하거나 아래 직원을 질책하고 있을 때 상대방이 전화를 받는다고 해도 원만한 통화가 가능하겠는가. 그런 상태의 상대방에게 "어때? 요즘 잘 지내? 그냥 궁금해서 전화했어." 한다면 상대방은 지금 바쁘거나 급한 일이 있다며 전화를 빨리 끊으려고 할 것이다.

상대방과 마주 앉아 대화할 때도 마찬가지다. 상대방이 지금 사채를 썼다가 빚 독촉에 시달리고 있거나 주식투자에 실패해서 막대한 손실을 입고 큰 고통을 겪고 있는데 돈을 좀 빌려달라는 이야기를 한다면 성과가 있겠는가.

상대방의 도움이 필요하거나 내가 원하는 것을 얻고자 한다면 아무리 다급하더라도 차분한 마음으로 상대방의 심리 상태부터 먼저 살펴보는 것이 좋다. 상대방의 말투나 표정을 통해 감정 상태를 파악한 뒤에 요즘 일상을 묻기도 하고, 하는 일이 잘되는지 힘들거나 고민거리는 없는지 묻는 것이 순서다.

그리하여 내가 필요로 하는 도움이나 얻어내려는 것이 상대방의 심리 상태와 상황에 비춰봤을 때 어렵다고 판단되면 차라리 이야기를 안 꺼내는 것이 좋다. 다급하다고 해서 그 사정을 이야기해봤자 실패할 확률이 훨씬 높기 때문이다.

하지만 내 사정을 이야기해도 괜찮겠다고 판단되면 앞의 다른 항목에서도 설명했듯이 상대방이 듣기 거북한 말부터 이야기하는 것이 좋다. 그러면 행여 그의 도움이나 원하는 것을 얻지 못하더라도 서로 어색하게 헤어지지 않고 자연스럽게 대화를 끝낼 수 있어서 인간관계에는 손상을 입지 않는다. 또한 먼저 상대방이 듣기 거북한 말을 꺼내놓고 슬며시 화제를 바꾸면 상대방에게 말없이 생각할 수 있는 여유를 주게 된다.

《손자병법》에도 '상대를 알고 나를 알면 백 번 싸워도 위태롭지 않다.'고 했다. 본격적인 대화에 앞서 상대방의 심리 상태부터 먼저 파악하고 그 마음을 편하게 해줘야 바라는 것을 얻어낼 수 있다.

리플리 증후군과
거짓말

'리플리 증후군Ripley Syndrome'은 무엇인가 이루고 싶은 강한 욕망과 욕구가 있지만 아무런 능력이 없을 때, 현실을 부정하면서 거짓으로 자신을 꾸미고 그것을 스스로 진실이라고 믿으며 거짓말과 행동을 반복하는 반사회적 인격장애를 가리키는 말이다. 미국 소설가 퍼트리샤 하이스미스의 소설《재능 있는 리플리 씨》에서 유래됐다.

우리나라에서도 동생이 성공한 언니를 위장해서 거짓된 삶을 살다가 들통이 나거나, 학력이나 경력을 속이고 고학력의 검사나 변호사로 위장하고 사기를 치며 거짓 삶을 살다가 붙잡힌 사건들이 있었다. 리플리 증후군의 사례라고 할 수 있다. 이러한 병리현상은 영화에서도 자주 다루어졌다.

미국 영화 〈리플리〉는 아래 언급한 〈태양은 가득히〉를 리메이크한 작품이다. 주인공 톰 리플리는 현실을 부정하며 거짓된 삶을 사는데, 거짓말을 합리화하기 위해 점점 더 거짓말을 하다가 들통나자 살인까지 저지르면서도 거짓된 삶을 지켜나간다. 하지만 톰 리플리는 자신이 꾸민 허구의 세계에 빠진 것은 아니다. 자기가 거짓말을 한다는 사실을 스스로 잘 알고 있다. 그러면서 거짓말을 막기 위해 점점 더 큰 거짓말을 하는 것이다.

프랑스 영화 〈태양은 가득히〉는 톰 리플리가 고교 동창이자 대부호의 아들인 필립으로 위장하는 내용이다. 애인과 함께 방탕한 생활을 즐기는 아들 필립을 데려오면 돈을 주겠다는 그의 아버지 부탁을 받고 필립의 요트로 찾아간 톰은 필립으로부터 심한 멸시와 모욕을 당하자 분노를 느끼면서도 함께 요트 생활을 이어간다.

그러나 톰은 필립을 죽일 완전범죄를 계획한다. 마침내 그는 필립을 살해하고 시체를 비옷으로 싸고 밧줄로 묶어 바다에 던진다. 그리고 필립의 사인sign까지 완벽하게 위조해서 그의 엄청난 재산을 은행에서 인출하고 그의 애인까지 차지하며 호화 생활을 즐긴다. 그러다가 그의 끔찍한 범죄를 알아차린 필립의 친구까지 살해한다.

하지만 톰의 완전범죄는 허망하게 끝을 맞는다. 필립의 아버지가 아들의 요트를 육지로 끌어올리다가 이상한 물체를 발견한다. 그것은 비옷에 싸인 아들의 시체였다. 톰은 필립의 시체를 완전히 바다에 가라앉혔다고 생각했지만 요트의 스크루에 밧줄이 걸렸던 것이다. 마침내 경찰이 톰을 체포하러 오고, 톰은 해변에서 경찰이 다가오는 것을 알지만 야릇한 미소를 지으면서 태연하게 그대로 앉아 있다.

건강한
몸과 마음이
대화의 비결이다

상대방이 가까운 사람이든 낯선 사람이든 만나서 싸우려고 대화하는 사람은 없을 것이다. 하기는 자동차 접촉사고나 위태로운 앞지르기 등으로 운전자끼리 차를 세워놓고 다짜고짜 싸움을 벌이는 경우도 있고 즐거운 분위기에서 대화하다가 갑자기 시비가 붙어 크게 화를 내며 싸우기도 하지만, 그러한 것은 예외의 경우다.

우리는 소통을 통해 친밀감과 유대감을 강화하고 원하는 것을 성취하기 위해 대화한다. 대화는 인간의 일상생활이며, 인간은 대화를 통해 정체성과 존재가치를 증명한다. 살아가면서 아주 많은 사람들과 만나 대화를 함으로써 인간관계와 대인관계를 더욱 두텁게 한다.

하지만 인간인지라 대화하는 데 적극적인 사람이 있고 소극적인 사람도 있기 마련이다. 사람 만나기를 좋아하며 대화에 적극적인 사람은 삶에 활기가 있고, 사람 만나기를 귀찮아하고 소극적인 사람은 대개 내성적이거나 어딘지 활력이 없어 보인다.

서양인들의 삶을 보면 공적인 생활보다 가정생활에 더욱 충실하며 대화를 무척 중요하게 생각한다. 주말이면 가족과 함께 가까운 일가친척이나 이웃, 친구나 동료와 그의 가족들을 초대해서 파티를 연다.

청소년이나 미혼 남녀가 또래끼리 모여 술 마시고 춤추고 노래하는 파티가 아니라면, 일반적으로 가정에서 함께 식사하고 대화하는 것이 파티다. 음식 솜씨를 자랑하려는 것이 아니다. 그들에게 식사는 하나의 절차일 뿐이다. 대화가 파티의 가장 중요한 목적이다. 따라서 그들은 보통 두 시간 넘게 식사를 하면서 활발하게 대화한다.

지금은 많이 달라졌지만, 우리나라는 식사할 때 되도록

말을 하지 않고 식사에 집중하는 것이 전통적인 식사예절이었다. 하지만 서양인들은 다르다. 그들은 사적이든 공적이든 식사시간이 무척 길다. 두 시간은 기본이다. 그처럼 긴 시간을 그들은 대화로 채운다. 그 때문인지 서양인들은 보편적으로 말을 조리 있게 잘하고 토론도 매우 능숙하다.

대화를 통해 서로 소통하고 친밀감과 유대감을 다지고 원하는 것을 얻고자 하면 당연히 원만하고 효과적인 대화가 이어지도록 해야 한다. 그렇다면 대화를 잘할 수 있는 비결은 무엇일까.

가장 기본적이고 핵심적인 대화의 비결은 무엇보다 대화 당사자들의 건강한 몸과 마음이다. 어떻게 보면 너무나 당연한 것이 무슨 비결이라는 말인가? 그렇지 않다. 운동선수가 경기에 나가려면 건강에 이상이 없어야 한다. 지병이 있거나 부상이 있다면 경기에 나서봤자 좋은 성적을 거둘 수 없다. 마음도 마찬가지다. 경기에 나서는 운동선수에게 몹시 슬픈 일이 있거나 심각한 스트레스가 있다면 집중력이 떨어져 역시 좋은 성적을 거둘 수 없다.

대화도 마찬가지다. 다음의 대화를 보자.

"야, 오랜만이다. 너하고 만나서 꼭 하고 싶은 이야기가 있거든. 오늘 저녁에 만났으면 좋겠는데, 어때? 시간 있어?"

"나도 너를 보고 싶기는 한데…… 다음에 만나면 안 될까?"

"왜? 무슨 일 있어?"

"내가 몸이 좀 안 좋거든. 감기몸살이 심해서 쉬고 있어."

몸 상태가 좋지 않아서 만남을 뒤로 미루는 것이다. 마음도 다르지 않다. 친구나 동료가 만나자고 할 때 "오늘은 안 되겠어. 나한테 좀 안 좋은 일이 있어서 누구를 만날 기분이 아냐." 이렇게 만남이 미루어지고 대화의 기회를 갖지 못하게 된 경험이 있는 사람들이 많을 것이다.

이유가 무엇이든 누군가와 만나서 원만한 대화를 하려면 무엇보다 대화 당사자들의 몸과 마음이 건강해야 한다. 그렇지 못한 상태에서 억지로 만나서는 대화가 제대로 진행되기 어렵다.

만나는 상대가 누구든 몸이 건강하지 못하면 대화에 집중하기가 쉽지 않고 적절한 표현도 잘 떠오르지 않는다. 이를테면 두통처럼 몸 어느 부위에 지속적인 통증이 있다면 자꾸 그것에 신경이 쓰이고 고통을 견디느라고 상대방의 말이 제대로 귀에 들어오지 않는다. 되도록 빨리 대화를 끝내고 싶을 뿐이다.

나는 건강하지만 상대방의 건강 상태가 좋지 않아도 정상적인 대화가 힘들다. 내가 하는 말에 상대방이 반응을 보이고 질문을 하거나 적절한 대답을 해야 대화가 진행된다. 그런데 상대방의 자세가 흐트러지고 눈을 감고 있거나 표정이 어둡다면 나도 말하기가 힘들다. 지금 상대방이 내 이야기를 듣고 있는지 아닌지 알 수가 없어서 했던 말을 또 하거나 목청을 높이고 힘주어 말해보지만 상대방의 반응이 시큰둥하면 점점 답답해질 뿐이다. 결국 "너 어디 아프냐?" 하며 묻게 되고, 상대방이 몸 상태를 말하면 대화는 끝나버린다.

대화하는 사람의 마음 상태도 중요하다. 마음 상태가 평온하지 못하고 정상이 아니면 평상심을 잃게 되고 표정도 어두워진다. 피할 수 없는 근심걱정이 가득하거나 어떤 일로 몹시 화가 나 있거나 격한 감정을 억누르고 있다면 정상적인 대화가 불가능하다.

이런 마음 상태 때문에 대수롭지 않은 말 한마디에 벌컥 화를 내거나 하찮은 농담에도 느닷없이 격하게 반응한다면 당황하지 않을 수 없다. 대화의 핵심은 한순간에 사라지고 서로 정색을 하면서 "야, 너 왜 갑자기 화를 내냐?", "야, 농담한 건데 그게 화를 낼 일이야?" 하며 따지게 되고, 감정을 폭발시킨 쪽에서는 타당성 없는 이유를 대며 더욱 거친 말을 함으로써 예상치 않던 시비가 붙고 자칫 엉뚱한 싸움으로 비화될 수도 있다.

몸과 마음이 온전하지 못할 때는 대화를 피하는 것이 좋다. 억지로 만나서 대화를 해봤자 아무런 소득도 없을뿐더러 자칫하면 서로 예상하지 못했던 엉뚱한 피해를 입기 쉽다.

상대방이

먼저 말하게
하라

필자에게 이런 경험이 있다. 대학 시절 무척 가깝게 지내던 동창들이 졸업 후 10여 년 만에 모임을 가졌다. 저마다 하는 일이 다르고 여건과 환경이 달라 모임 날짜를 정하는 것도 어려워 정말 힘들게 여섯 명이 자리를 함께 하게 됐다.

대학 때 항상 붙어 살던 친구들이었고 오랫동안 만나지 못했으니 얼마나 할 말이 많았겠는가. 서로 앞다퉈 지금 사는 얘기며 대학 시절의 숱한 추억들을 떠들어대느라 왁자지껄하고 웃음소리가 끊이지 않았다. 정말 즐겁고 재미있는 분위기였다. 그런데 한 친구가 갑자기 일어서더니 아직 식사도 안 했는데 먼저 가겠다는 것이었다. 모두 그를 붙잡으며 그 이유를 물었다.

"야, 너희들만 입이 있냐? 나한테는 말할 틈도 안 주잖아?"

그 한마디를 내뱉고는 친구들의 만류를 뿌리치고 나가버렸다. 나머지 다섯 명은 어이가 없었다. 들뜬 분위기가 갑자기 가라앉았다. 이윽고 그 친구에 대한 비난과 성토가 쏟아졌으며 유별나게 말이 많았던 친구에게도 핀잔을 주었다.

그는 워낙 목소리가 크고 말이 많은 친구여서 대화를 독점하듯 쉴 새 없이 혼자 떠들었던 것이 사실이다. 되돌려보면 먼저 가버린 친구가 뭔가 이야기를 꺼내려고 하면 "잠깐! 내 이야기 아직 안 끝났어." 하며 가로막고 계속해서 혼자 떠들었던 게 맞다. 10여 년 만에 만난 친구들인데 너무 예민한 반응을 보이고 먼저 가버린 친구도 문제가 있지만 지나치게 혼자 떠들어댄 친구에게도 틀림없이 문제가 있었다.

'대화'는 말뜻 그대로 서로 마주하여 이야기를 주고받는 것이다. 혼자 말하는 것이 아니라 상대방과 이야기를 주고받는 것이 대화다. 그런데 성격이 적극적이고 활동적인 사람일수록 상대방에게 말할 기회조차 주지 않고 혼자 떠드는 경우가 많다. 물론 악의는 없지만 말을 많이 하지 않으면 못 견디는 체질이다. 무의식적으로 열 마디를 해야 잠시 숨을 고르면서 상대방에게 한 마디 말할 틈을 주는 것이다. 아주 잘못된 대화법이다.

현대인들은 여러 가지 이유로 가슴속에 쌓여 있는 스트레스와 불만이 많으며 온갖 분노를 억누르고 산다. 그러다가 어떤 계기에 순간적으로 이성을 잃고 감정이 폭발해서 뜻하지 않게 일을 저지른다. 그나마 가까운 친구나 동료들과 어울려 대화를 하는 것이 가슴에 쌓인 스트레스와 불만을 해소하는 건전한 방법이다.

하지만 저마다 가슴속에 응어리가 많기 때문에 앞다퉈 많은 말을 하고 많이 떠들려고 하는 것이 문제다. 말을 통해 감정의 응어리를 해소하려니까 말이 많아지고, 하고 싶은 말을 한꺼번에 다 하려니까 결과적으로 상대방이 말할 기회를 빼앗게 되는 것이다.

많은 말을 하기보다 많이 들어주는 것이 대화의 기본이다. 내가 한 마디 하면 상대방이 두 마디 하도록 배려하고 경청하라는 것이다. 상대방이 한 사람이든 여러 명이든 대화의 분위기가 어색하고 모두 입을 다물고 있다면 분위기를 바꾸기 위해 내가 먼저 이야기를 꺼내도 괜찮다. 하지만 그렇지 않은 경우라면 먼저 말하려고 하기보다 상대방이 먼저 말하게 하는 것이 바람직한 대화법이다.

상대방의 말을 가로막으며 먼저 말하려고 하지 말고, 말할 때는 되도록 짧게 해야 한다. 상대방에게 말할 기회를 충분히 주고 열심히 들어주면 상대방은 신바람이 난다. 그러한 나의 작은 노력으로 좋은 대화 분위기를 만들 수 있다.

내가 되도록 짧게 말하거나 주로 질문을 하면서 상대방이 더 많은 말을 하도록 배려하면 얻는 것도 많다. 상대방에게 이야기할 기회를 많이 주면 그의 심리 상태를 파악할 수 있고, 상대방의 심리 상태를 알면 그에 맞춰 내가 원하는 것을 제시함으로써 좋은 성과를 얻을 수 있다.

그뿐 아니라 상대방의 이야기에서 내가 몰랐던 지식이나 정보를 얻을 수 있고 시사와 경제, 사회문제 등에 대한 감각과 판단력을 키울 수 있다. 아울러 상대방의 경험담을 들으면서 간접경험의 기회도 얻을 수 있다.

말이 너무 많고 혼자 떠드는 사람은 비호감의 대상이다. 상대방의 이야기를 묵묵히 잘 들어주는 사람은 어디서나 환영받는다. 나에 대한 남들의 호감, 비호감 평가가 인간관계에 큰 영향을 준다는 것은 누구나 잘 알 것이다.

말은 짧게 하고

질문은
많이 하라

앞의 '상대방이 먼저 말하게 하라'와 이어지는 항목이다. 대화의 주인공은 내가 아니라 상대방인 만큼 상대방에 대한 배려와 관련해서 좀 더 보충설명을 하고자 한다.

가까운 친구나 동료들끼리의 만남, 아무런 부담 없이 오래 간만에 이루어지는 만남은 대화가 즐겁다. 농담과 유머를 쏟 아놓고, 장난스런 면박과 공박이 펼쳐지며 웃음소리가 커진 다. 그동안 쌓이고 쌓인 이야기, 지난날들의 추억, 지난날의 엉뚱한 실수, 기지를 발휘해서 위기를 모면했던 기억들을 마 냥 떠들어대느라고 웃음과 재미와 즐거움이 넘쳐난다. 술까지 마시기 시작하면 그런 분위기는 더욱 고조된다.

이렇게 반갑고 즐거운 만남은 우의를 더욱 두텁게 해주고 저마다의 스트레스를 해소해주는가 하면 온갖 걱정과 시름도 잠시나마 잊게 해준다. 이러한 즐겁고 재미있는 분위기의 모임은 많으면 많을수록 좋다.

하지만 즐거운 만남에도 한 가지 문제가 있다. 저마다 하고 싶은 말이 너무 많아 서로 앞다퉈 말을 하려는 것이다. 누군가 이야기를 하고 있는데도 그 이야기를 무시하거나 가로막고 자기 이야기를 꺼낸다. 그러면 다른 누군가가 또 이야기를 잘라버리고 끼어들어 화제를 바꾸면서 대화가 뒤죽박죽이 되어버리는 것이다.

물론 격의 없고 부담 없는 자리인지라 뒤죽박죽의 말잔치가 되더라도 즐겁다. 그러나 모든 모임이 다 그럴 수는 없다. 마치 노래방에서 마이크를 독점하고 혼자 노래를 불러대는 사람은 비호감이듯 다른 사람의 말을 막고 혼자 떠벌리는 사람을 달갑지 않게 생각하는 만남도 있다.

대화하는 과정에서 너무 말이 없는 것도 문제지만 혼자서 너무 말을 많이 하는 것이 더 문제가 될 수 있다. 더욱이 목적이 있는 대화, 바라는 것이 있는 대화에서 상대방이 말할 기회조차 제대로 주지 않고 내가 너무 말을 많이 하는 것은 결코 바람직하지 않다. 상대방을 의식하지 않고 혼자 일방적으로 떠벌리다 보면 뜻하지 않은 말실수를 하게 돼 구설에 오를 수 있고, 상대방은 지겨워하며 내가 하는 말을 귀담아 듣지 않는다.

그리하여 혼자 떠들다가 갑자기 상대방에게 질문을 하면 "뭐라고 그랬지?" 하며 되묻는 경우가 많다. 또는 "내가 하고 싶었던 이야기가 있는데 네가 혼자 떠드는 바람에 잊어버렸어." 하며 허탈해할 때도 있다. 역시 말이 너무 많으면 얻는 것보다 잃는 것이 많다.

목적이 있는 대화, 나의 제의로 이루어진 만남에서는 상대방을 설득하기 위해 의식적이든 무의식적이든 말을 많이 하게 된다. 하지만 결과적으로 역효과를 가져오기 쉽다. 이런 대화에서는 말은 짧을수록 좋다. 내 주장이나 요구 조건을 말하기보다는 되도록 상대방에게 말할 기회를 많이 주면서 대화가 끊어지지 않게 질문을 많이 하는 것이 좋다.

질문을 많이 하면 저절로 상대방이 말을 많이 하게 되고, 그 과정에서 스스로 상황이나 심리 상태를 드러내게 된다. 그러다 보면 상대방이 신바람이 나기도 하고, 질문에 열심히 답변하는 과정에서 먼저 내가 원하는 것을 수용하겠다는 뜻을 밝히기도 한다.

이를테면 내가 먼저 "얼마 전에 ㅇㅇㅇ하고 본의 아니게 다투고 사이가 멀어져서 아쉬울 때가 많거든. 너, ㅇㅇㅇ 잘 알지? 그 친구 요즘 어떻게 지내?" 하고 질문을 하면 상대방은 ㅇㅇㅇ에 대해서 알고 있는 것을 열심히 설명할 것이다.

그러면 상대방이 하는 말 가운데서 또다시 질문하는 식으로 몇 차례 질문을 이어가면 상대방은 ㅇㅇㅇ에 대한 더 많은 정보를 제공하면서 "너, ㅇㅇㅇ하고 화해하고 싶은 거지? 알았어. 내가 화해시켜줄게." 하고 내가 무엇을 원하는지 짐작하고 먼저 해결사로 나서겠다고 약속하는 것이다. 내가 구체적으로 부탁하지 않았지만 질문하는 과정에서 상대방이 알아차린 것이다.

나보다 나이가 많은 사람, 스승이나 선배, 직장의 상사 등 윗사람과 단 둘이 대화할 때는 나이가 어리고 아랫사람인 내가 말을 많이 하면서 대화를 주도하는 것은 예의에서 벗어날 뿐 아니라 윗사람을 불쾌하게 한다.

윗사람과 대화할 때는 당연히 내 말은 짧게 하고 질문을 많이 하는 것이 좋다. 질문과 답변이 이어지는 과정에서 나보다 인생을 더 많이 살아온 상대방에게서 인생의 경험을 들을 수 있고, 나에게 큰 도움이 되는 많은 지식과 정보도 얻을 수 있다.

대화는 옷을 벗는 것과 같다. 혼자서 말을 너무 많이 하면 내 옷을 하나씩 벗어버리는 것과 다름없다. 말을 일방적으로 많이 하거나 혼자서 끝없이 말을 이어가는 것은 내 옷을 모조리 벗어버리고 알몸이 되는 셈이다. 알몸이 되면 흉터나 흉측한 모습까지 드러내게 된다.

하지만 상대방에게 질문을 많이 하는 것은 상대방의 옷을 벗기는 것과 마찬가지다. 상대방은 질문에 답변하면서 스스로 옷을 벗어 나에게 알몸을 보여주게 되는 것이다. 당연히 상대방을 속속들이 알게 된다.

상대방이

듣기 편하게
말하라

도널드 트럼프가 미국 대통령이 된 이래 그가 꺼내는 말들이 항상 국제적인 화제가 된 바 있다. 미국 대통령의 위치가 전 세계에 큰 영향을 끼칠 만큼 막강하기 때문에 당연히 국제적인 화제가 될 수 있지만, 그보다는 트럼프가 꺼내는 말들이 지나치게 거칠고 자극적이거나 충동적인 돌출 발언과 외교적 수사가 없는 막말이 많았기 때문이다.

그 때문에 트럼프의 발언은 찬사를 받고 존중되기보다 대통령의 품위를 떨어뜨리는 엉뚱한 이슈가 되어 비웃음을 사기도 했고, 심지어 북한 김정은과 함께 '미치광이'라는 극단적인 표현까지 나왔다. 더구나 우리의 첨예한 남북관계에 엄청난 영향을 주기 때문에 트럼프가 북한과 관련된 말을 꺼낼 때마다 우리는 조마조마하게 마음을 졸일 수밖에 없었다.

그 같은 트럼프의 말투를 '트럼프 화법'으로 표현하기도 하는데, 그의 독특한 화법 가운데 도식적이고 관습적인 화법이 있다. 상대방을 먼저 칭찬하거나 치켜세우고 그다음에 공격적인 말이나 일방적인 요구 조건을 제시하는 화법이다.

그는 상대방이나 상대 국가를 치켜세울 때 '그레이트'라는 표현을 즐겨 쓴다. 위대하다, 대단하다는 것이다. 그런 식으로 상대방을 치켜세우고는 느닷없이 비난하는 말을 쏟아놓는다든지, 미국이 무역에서 큰 손해를 보고 있으니 미국 제품을 사라느니, 무역협정을 다시 협상하자는 등의 구체적이고 일방적인 요구 조건들을 내세운다.

그의 아시아 순방과 우리나라 국빈 방문을 통해서 우리도 직접 경험했다시피 트럼프가 하는 말은 몹시 듣기 불편할 때가 많았다. 그 때문인지 재임 중에 미국에서도 그의 지지도가 갈수록 떨어지고 비호감도도 높아졌다.

대화는 주인공인 상대방이 듣기 편안해야 한다. 어쩔 수 없이 상대방이 듣기 거북한 말을 해야 하거나, 불행한 소식을 전하거나, 추궁하고 질책하는 몇몇 예외의 경우가 아니라면 상대방이 편안한 마음으로 대화를 할 수 있도록 배려해야 긍정적인 분위기가 된다.

거슬리는 말, 감정을 자극하는 부정적인 말, 긴장감과 경계심을 갖게 하는 말, 알아듣기 어려운 말, 오직 자기주장만 고집하는 말은 상대방을 몹시 불편하게 한다. 트럼프를 꼭 집어 비난하는 것은 아니지만, 칭찬부터 시작해서 자기 요구 조건을 내세우거나 공격을 퍼붓는 앞뒤가 다른 말도 상대방을 불편하게 할 뿐 아니라 마음을 졸이게 한다.

상대방을 편안하게 하려면 말을 얼버무리거나 말끝을 명확하게 맺지 않고 흐지부지 끝내서도 안 된다. 그러면 상대방은 말하는 사람의 진의를 파악하려고 긴장할 수밖에 없다.

더욱이 상대방의 말과 태도에서 트집을 잡으려고 하고 깐족대거나 비아냥거리면 상대방은 불쾌감을 넘어 은근히 화가 치밀고, 그것을 참지 못하면 감정이 폭발해서 시비와 다툼이 벌어지고 만다. 상대방을 가릴 것 없이 누구하고든 대화의 자리가 마련됐다면 대화가 원만하게 이어지고 긍정적인 방향으로 진행돼야 대화의 가치와 보람이 있다. 애초부터 다투고 싸우려고 만나는 경우는 흔치 않다.

상대방을 편안하게 하려면 대화를 주도하는 나부터 편안해야 한다. 대화하는 동안 변함없이 평상심을 유지하면서 상대방의 말을 열심히 듣고 반응하되 최대한 감정을 절제해야 한다.

내가 심한 감정의 기복을 나타내면 상대방이 불안해한다. 평상심을 유지하는 것은 나보다 상대방의 마음을 편하게 하려는 배려다. 상대방의 마음이 편해야 대화가 긍정적인 방향으로 이어지고, 그래야 내가 원하는 것을 얻을 수 있다.

사실과 진실을
말하라

전통시장이나 길거리 상점에서 물건이나 먹을거리를 살 때 정가표가 붙어 있지 않으면 상인과 흥정을 하는 것이 보통이다. "좀 깎아주세요.", "좀 더 주세요.", "너무 비싸요. 반값이면 될 것 같은데……" 하며 되도록 싸게 사려고 한다.

그러면 상인들은 으레 "안 됩니다. 그럼 내가 밑져요. 밑지고 장사할 수는 없잖아요?", "본전에 파는 거예요.", "그 값을 받아도 남는 게 없어요." 하며 엄살을 부린다. 그러면서 서로 값을 조절하며 흥정한다. 흔히 밑지고 파는 장사는 없다고 말한다. 상인들의 엄살은 상술에 불과하다는 것이다.

언제든지 볼 수 있는 바겐세일은 수십 퍼센트 할인이 기본이다. 30~50%, 심지어 70~80% 할인도 있다. 고객의 입장에서 보면 그렇게 파격적인 할인을 해서 파는 사람에게 이윤이 있을지 의아한 생각이 든다.

물론 이월상품이나 잔품을 정리하기 위해 약간의 손해를 감수하는 파격 세일이 없는 것은 아니다. 하지만 대부분은 손해 보며 파는 것은 아니라고 한다. 미리 정상가보다 높게 정가표를 붙여놓고 크게 할인하는 것처럼 허풍을 떠는 경우이거나 상품에 하자가 있는 경우가 많다는 것이다. 글쎄, 필자는 어느 쪽 말이 맞는지 잘 모르겠다.

외국에 가보면 아주 작은 상점이라도 정상적으로 영업하는 상점에는 어떤 상품이든 모두 정가표가 붙어 있다. 하지만 정가표가 없는 상점이나 길거리 상점, 기념품이나 특산품 판매점은 흥정이 가능하다. 이런 곳은 외국인 관광객들에게 터무니없는 값을 불러 바가지를 씌우기도 한다.

그렇다고 해서 지금 양심적인 상거래를 이야기하는 것은 결코 아니다. 상인들의 상술은 판매수단일 뿐이며 우리가 굳이 지적할 일은 아니다. 여기서 말하려고 하는 것은 대화를 할 때 사실과 진실을 말해야 한다는 것이다.

대화의 목적이 무엇이든 상대방에게 반드시 사실과 진실만을 이야기하는 것은 아니다. 좋은 분위기를 만들기 위해서 또 재미있게 말하기 위해서 실없는 농담도 하고 선의의 거짓말도 하고 사실과 진실을 과장하거나 축소하기도 한다.

그렇다. 좋은 분위기에서 재미있는 대화가 오간다면 크게 문제 될 것은 없다. 서로 어떤 이야기가 거짓이고 어떤 이야기가 과장되거나 축소됐는지 충분히 짐작하고 있기 때문이다. 특히 여럿이 함께하면서 친목과 친선을 다지는 부담 없는 만남에서는 더욱 그러하다.

하지만 목적이 있는 대화나 상대방이 한 명 또는 소수일 때의 대화에서는 되도록 사실과 진실을 말하는 것이 바람직하다. 그것이 상대방을 존중하는 도리이며 나에게도 여러 가지로 도움이 된다.

그런데 대화에서 목적을 이루기 위해 의도적으로 사실과 진실을 감추거나 과장이나 축소로 본질을 왜곡하는 경우가 적지 않다. 자신의 입장을 강화하기 위해 거짓말을 하기도 한다.

그뿐 아니라 특별한 목적이 없는 사적인 만남에서도 자신의 입장을 합리화하기 위해 사실과 다른 이야기를 하거나 진실이 아닌 이야기도 별다른 생각 없이 꺼내놓는가 하면, 자신을 돋보이기 위해 자기만 아는 것처럼 그 자리에 없는 사람의 비밀을 폭로하거나 서슴없이 험담하고 은근히 비난하기도 한다.

연인 사이의 대화에서도 상대방을 탐색하는 과정에서 거짓말을 많이 한다. 자신을 과대포장하거나 경력, 현재의 여건과 환경, 능력과 역량 등을 과장하고 인생관과 가치관, 미래의 계획까지 꾸며대며 허풍을 떤다. 터무니없이 자신감을 과시하고 자신의 좋지 못한 성격과 성품을 감추면서 인간성을 위장하기도 한다. 이는 특히 남자들한테서 많이 나타난다.

굳이 이해하자면 자신의 인간성이나 능력, 장래성을 인정받아 사랑하는 이성을 놓치지 않기 위한 술책이라고 할 수 있다. 더욱이 상대방의 자기과시와 과장된 자신감이 사실인지 진실인지 반신반의하면서도 긍정적으로 받아들여 결혼하는 경우도 적지 않다. 부부 사이에서도 배우자에게 추궁당하면 사실을 감추려고 억지 변명과 거짓말을 하는 경우는 흔한 일이다.

그러나 분명한 것은 아무리 감추고 왜곡하더라도 사실과 진실은 언젠가 반드시 밝혀지기 마련이고, 거짓말도 오래지 않아 들통날 수밖에 없다. 다른 사람을 험담하고 그가 숨기고 싶은 비밀을 공개하면 반드시 당사자의 귀에 들어간다.

문제는 그때부터다. 모든 화살이 나를 향하고 내가 했던 말에 책임을 져야 한다. 내가 거짓말을 했거나 과장과 축소로 왜곡한 사실과 진실은 그 이야기를 들은 상대방이 또 다른 사람에게 "아무개가 그러는데……" 하며 전달된다.

그런 과정에서 사실과 진실이 밝혀지면 구설에 오르고 비난과 추궁이 쏟아져 궁색한 변명을 하느라 정신없이 바쁜 것은 말할 것도 없거니와 신뢰할 수 없는 인간으로 전락한다.

거짓말이 들통나면 변명하고 합리화하려고 끊임없이 또 다른 거짓말을 하기 때문에 마침내 신뢰할 수 없는 거짓말쟁이로 낙인찍히고 만다. 다른 사람의 비밀 공개나 험담, 비난은 마침내 당사자의 귀에 들어가 맹렬한 공격을 받게 돼 인간관계까지 단절하는 부메랑이 되고 만다.

연애할 때도 마찬가지다. 과장과 허풍과 거짓말은 결혼을 하더라도 영원한 약점이 되어 항상 궁지에 몰리게 한다. 성격이나 성품을 속이고 결혼했다가 본색이 드러나 폭력을 휘두르고 외도를 한다면 이혼까지 각오해야 한다.

어떤 경우에도 사실과 진실을 말해야 후유증이 없다. 누군가를 가리켜 귀가 얇다거나 입이 가볍다고 하는 것은 좋은 평가가 아니다. 그런 사람은 주변에서 외면당하고 신뢰를 잃는다.

'남아일언중천금'이라는 말이 있다. 남자의 말 한마디는 천금과 같아서 입이 무거워야 하고 말을 조심해야 한다는 뜻이다. 남자뿐 아니라 여자도 마찬가지다. 할 말은 하되 되도록 말을 신중히 하고 사실과 진실을 말해야 후회할 일이 없다.

우월감과
열등감은
대화의 적이다

"내가 누군지 알아?"

중국의 어느 대학교 캠퍼스에서 한 청년이 고급 외제 승용차를 몰고 이리저리 마구 과속으로 질주하다가 여대생 두 명을 치어 중상을 입혔다. 사고를 낸 청년이 붙잡혀 조사를 받게 됐는데, 음주 상태였던 그의 첫 마디가 "내가 누군지 알아?"였다. 그는 자기 아버지가 당 간부라며 마구 큰소리쳤다. 누구나 이름을 알 만한 고급 간부였다.

또 있다. 역시 중국에서 30대 초반의 젊은 여성이 고가의 BMW 승용차를 몰고 가다가 남루한 차림의 중년 여성이 타고 가는 배달용 전동 자전거를 치어 쓰러뜨렸다. 배달을 가던 중년 여성이 다리를 다쳐 주저앉아 있는데 외제차를 운전하던 젊은 여성이 차에서 내려 잘잘못을 가리지도 않고 중년 여성에게 마구 욕설을 퍼붓고 때리고 짓밟기까지 했다.

그 모습을 본 주변 행인들이 달려와 젊은 여성을 말리자 그녀가 하는 첫 말이 안하무인에 가관이었다.

"내 남편이 인민대표야. 내가 뭐가 무서워?"

말리던 행인들이 비난해도 그녀는 멈추지 않았다.

"나는 돈이 있단 말이야. 너희들은 돈이 없어서 BMW를 몰지 못하잖아?"

물론 여대생을 친 청년이나 BMW를 몰았던 젊은 여성 모두 중국의 인터넷과 언론에 이 사건이 크게 보도되면서 엄청난 비난을 당했고 합당한 처벌을 받았다.

우리나라 한 정당의 지방 당직자인 40대 여성이 음주운전 단속에 적발되자 단속 경찰에게 욕설을 퍼부으면서 발길질을 하고 얼굴에 침까지 뱉으며 "내가 누구하고 술 마셨는지 알아?" 하면서 적반하장으로 소리쳤다. 국정농단으로 유죄 판결을 받은 최순실의 딸 정유라도 사건이 터지기 전에 자신의 트위터에 부모가 돈 많은 것도 능력이라는 글을 올렸다가 여론의 뭇매를 맞은 일도 있었다.

한 대형 치킨 프랜차이즈 회장은 가맹점을 방문해서 주방에 들어가려 하자 그가 누군지 알아보지 못한 주방장이 못 들어오게 말렸다. 바닥이 미끄러우니까 못 들어오게 막았다는 것이다. 그러자 회장이 대뜸 큰 소리로 "너 내가 누군지 알아? 이 ○○가……. 안되겠네. 여기 폐점시켜. 당장 폐점시켜버려." 하며 마구 욕설을 퍼부었던 사건도 언론에 보도되어 국민의 공분을 샀다.

이른바 금수저들의 이 같은 행패는 우월감을 과시하려는 비뚤어진 욕구에서 비롯된 것이다. 아버지나 남편의 권력은 자신의 권력이 아니며, 부모가 돈이 많은 것이 자신의 능력은 아니다. 더욱이 "내가 누구하고 술 마셨는지 알아?"는 제3자의 파워를 자신과 결부시켜 우월감을 과시하려는 터무니없는 횡포다. 짐작건대 그녀는 그 지역 국회의원이나 권력 있는 인물과 술을 마셨을 것이다.

자기과시를 하며 우월한 지위에서 상대방을 업신여기고

위압적인 태도를 보이는 것은 상대방으로 하여금 고분고분하게 굴면서 자신의 우월적 위치를 인정하라는 일종의 엄포다.

비뚤어지고 빗나간 우월감은 무리 지어 사는 동물들이 서로 힘을 과시해서 우위의 서열을 차지하려는 행동과 조금도 다를 바가 없다. 민주주의 사회에서는 누구나 평등하다는 기본 상식조차 망각한 비난받아 마땅한 행패이며, 상대방을 존중하고 배려하기는커녕 아무 잘못 없는 상대방을 겁박해서 굴복시키려는 비인간적이고 비열한 횡포라고 할 수 있다.

대화하는 과정에서 의식적으로 지나치게 우월감을 과시하면 대화 자체가 이루어질 수 없다. 상대방은 기세에 눌려 복종하거나 무시하거나 오히려 반발할 것이다. 당연히 합리적인 대화는 아예 불가능하다. 대화가 불가능하면 우월감을 과시했더라도 아무것도 얻는 것이 없고 오히려 비웃음거리가 될 뿐이다.

우월감과는 달리 지나치게 열등감에 사로잡혀 있어도 원만한 대화가 어렵다.

'내가 뭘 하겠어', '내가 무슨 능력이 있어', '나는 안 돼' 등과 같은 부정적인 의식으로 스스로를 비하한다면 감춰져 있는 잠재력조차 발휘하지 못한다. 위축감과 좌절감, 자포자기하는 마음으로는 원하는 것을 얻기 힘들다.

열등감이 가득한 사람과 대화하는 게 쉽지는 않지만 어쩔 수 없이 대화를 해야 한다면 상대방의 아주 작은 장점이라도 칭찬하고 치켜세우며 '너는 할 수 있다'는 긍정적 마인드와 자신감을 자꾸 심어줘야 한다.

열등감이 가득한 사람을 얕잡아보고 경멸하며 우월한 위치에서 일방적으로 명령하고 지시하다가는 오히려 큰 낭패를 보기 쉽다. 열등감이 심한 사람은 말을 잘하지 못하기 때문에 응축된 분노, 패배감, 좌절감 등을 순간적으로 물리적 행동으로 표출하는 경우가 많기 때문이다. 일종의 묘한 반발심이 엉뚱한 행동으로 나타나는 것이다.

이를테면 성범죄를 저지르는 자들 가운데는 열등감이 심한 사람이 적지 않다. 남자로서 여성에게 무시당하고 경멸당한 분노를 행동으로 표출하는 것이다. 강도, 강간, 살인과 같은 범죄를 저지른 강력범들의 대다수가 어릴 때 학대받은 경험이 있다는 통계가 있다.

지나친 우월감이나 열등감은 대화의 적이다. 그들과는 원만한 대화가 거의 불가능하다. 우월감을 과시하는 자는 혼자 떠벌리고, 열등감이 심한 자는 좀처럼 말을 하지 않으려고 한다. 우월감을 과시하는 자는 기세를 어느 정도 꺾어줘야 하고, 열등감이 심한 자는 어떡하든 자신감을 심어줘야 그나마 대화가 가능하다.

말더듬이
조지 6세

　제2차 세계대전 무렵 영국의 국왕은 조지 6세였다.

　그는 내성적이었으며 겁이 많았고 어려서부터 몹시 허약해서 갖가지 질병에 시달렸다. 특히 그는 선천적인 말더듬이여서 왕위를 계승하는 데 어려움이 많았다. 그의 부왕 조지 5세는 무엇보다 아들의 말더듬증을 고쳐주려고 무척 노력했다. 국왕이 되면 연설할 기회가 많은데 말을 더듬는다면 큰 문제가 될 수밖에 없기 때문이다. 이에 부왕은 그 당시 언어교정의 권위자인 호주의 언어치료사 라이오넬 로그를 초빙해서 조지 6세의 언어장애 치료를 맡긴다. 이때부터 조지 6세와 라이오넬 로그의 말더듬이 교정 과정은 우리에게도 큰 감동을 주었던 영화 〈킹스 스피치〉에 잘 담겨 있다.

　라이오넬은 조지 6세에게 성대 구조 등의 선천적인 언어장애가 있다는 것과 그의 내성적인 성격 등을 파악하고 호흡법을 비롯한 물리적 치료와 함께 정서적인 치료에 최선을 다한다. 유머를 익히게 하고 치료의 재미를 위해 우리말로 하자면 '간장공장 공장장은 장공장장이고 된장공장 공장장은 강공장장이다'와 같은 어려운 발음을 훈련시킨다. 조지 6세도 최선을 다해 그의 지도에 따른다.

　두 사람의 우정이 두터워졌고 차츰 자신감을 갖게 된 조지 6세는

"연설할 때는 긴장을 풀고 천천히 말하라."라는 지시에 충실하면서 말솜씨에 획기적인 발전을 거듭한다. 실제로 연설할 때 띄엄띄엄 끊기기는 하지만, 아무도 그를 말더듬이라고 할 수 없을 만큼 변화된 모습을 보인다. 조지 6세는 더욱 자신감을 갖는다.

마침내 조지 6세는 1939년 라디오를 통해 전쟁의 시련과 고난을 힘을 모아 극복하자는 내용의 영국의 역사에 남은 명연설을 하게 된다.

경쟁의식과
비교는

대화를 망친다

우리는 치열한 경쟁 사회에 살고 있다. 경쟁은 자유주의 시장경제의 근본적인 메커니즘이나 다름없다. 불꽃 튀는 경쟁에서 이겨야 내가 원하는 것을 얻을 수 있고, 권력을 손에 쥘 수 있으며, 돈도 많이 벌어 잘살 수 있다. 그래서 경쟁은 곧 행복 추구의 가장 확실한 수단으로 생각하는 사람들도 많다.

동물들도 경쟁한다. 영역을 확보하기 위해 경쟁하고, 먹이를 얻기 위해 경쟁하고, 무리 안에서 높은 서열을 차지하기 위해 경쟁한다. 동물에게 경쟁은 피할 수 없는 생존 수단이며, 그들은 경쟁하면서 진화한다. 진화하지 못하는 동물은 도태되고 절멸하고 만다. 우리 인간도 마찬가지다.

경쟁은 승부를 전제로 한다. 경쟁에서 반드시 이겨야 살아남을 뿐 아니라 원하는 것을 거머쥔다. 경쟁에서 패배하면 제구실을 못하고 도태된다. 그만큼 경쟁의 세계는 냉혹하다.

어린이와 청소년들도 학업과 성적 경쟁에서 이겨야 원하는 좋은 대학에 갈 수 있고, 좋은 대학을 나와야 원하는 좋은 직장을 얻기 위한 경쟁에서 유리하다. 직장에서도 동료들과의 경쟁에서 이겨야 승진할 수 있으며, 여러 라이벌들과의 경쟁에서 이겨야 원하는 이성과 결혼할 수 있다.

경쟁에서 이긴다는 것은 좋게 말해 남들보다 앞서가는 것이지만, 냉정하게 따지면 다른 사람들을 물리치고 따돌리고 짓밟고 일어서는 것이다. 어찌 보면 경쟁은 비열하고 비인간적인 행위라고 할 수 있다. 이기기 위해 공정한 원칙이나 룰을 무시하고 수단과 방법을 가리지 않는다면 더욱 그러하다.

그럼에도 부모는 일찍부터 자녀들의 경쟁심을 북돋우며 또래들과의 경쟁에서 반드시 이겨야 한다고 다그친다. 그런 부모의 경쟁심 고취, 학교에서 경쟁에서 이기고 지는 것에 따

라 우열이 나뉘는 경험을 하면서 저절로 경쟁의식이 체질화
된다.

물론 선의의 경쟁도 있다. 운동선수가 비슷한 조건과 기
량을 지닌 라이벌이나 자기보다 훨씬 기량이 뛰어난 선수를
목표로 정하고, 그를 이기기 위해 밤낮으로 피나는 훈련을
해서 그의 기록을 넘어섰다면 당연히 자랑할 만한 일이다.

그러나 상대방을 이기기 위해 야비하게 수단방법 가리지
않고 편법이나 속임수를 쓰는 것은 비겁한 행위이며 지탄받
아 마땅하다. 대화에도 그런 경우가 있다. 경쟁에서 이기기
위해 가까운 친구나 동료들과의 인간관계를 악용해서 온갖
달콤한 말로 상대방을 옳지 못한 행동을 하도록 유혹하거나
거짓말하고 속임수를 쓴다면 얼마나 야비한 행위인가.

이른바 '어금니 아빠'라는 인물이 딸을 시켜 친구를 집에
오게 해서 수면제가 든 드링크를 먹이고 변태성행위를 하다
가, 그 아이가 잠에서 깨어나 저항하자 목 졸라 죽인 사건을
잘 알고 있을 것이다. 범인의 딸은 친구와 다정한 대화를 하
며 집으로 유인했을 것이다. 친구의 말을 믿었다가 억울한 죽
임을 당한 것이다.

열 살 난 딸의 친구 남자아이를 해외여행을 시켜주겠다고 유인해서 인도네시아로 데려가 인질로 잡고 부모에게 거액을 받아냈다가 붙잡힌 사건도 있었다. 범인은 남자아이의 부모와 대화하며 더없이 착하고 좋은 사람으로 위장했을 것이다.

남자아이 부모는 자기 아이를 가족여행에 데려가겠다는 이야기를 듣고 너무 고맙게 생각하고 기뻐했을 것이다. 그야말로 아무도 믿을 수 없는 세상이다. 인간에 대한 신뢰감을 무너뜨린 이들은 아무리 가까운 사이라도 대화할 때 속셈을 헤아려봐야 하는 살벌하고 각박한 사회를 만든 파렴치한 범죄자들이다.

누구나 살아가면서 수없이 많은 선택과 결정의 순간을 맞는다. 선택을 고심하는 과정에서 빼놓을 수 없는 것이 '비교'다. 여러 경우를 놓고 견주어보는 것이다. 물건 하나를 사더라도 여러 종류의 비슷한 제품들을 비교해서 선택한다.

하지만 인간은 사물이 아니라 저마다의 개성과 정체성을 지닌 인격체다. 인간과 인간을 비교하는 것은 바람직한 행동이 아니다. 쉬운 예로 '엄친아'가 있다. 엄마 친구의 아들은 부모 말씀도 아주 잘 듣고 공부도 뛰어나게 잘하고 행동도 올바른 모범생이라는 이야기다. 엄마가 자기 아이를 훈계하거나 질책할 때 엄친아를 들먹이며 그 아이를 닮으라는 것이다.

이러한 비교는 아이들에게 반성과 분발보다는 반발심을 일으킨다. 엄마한테 대들지는 못하지만 속으로 나는 나고 그 애는 그 앤데 왜 비교하는지 몹시 불쾌한 것이다. 아이가 여럿인 가정에서 부모가 한 아이만 편애하며 "형을 봐라. 네가 형의 절반만 해도 좋겠다."는 식으로 모멸감을 주면 형의 행실을 닮으려는 것이 아니라 반발하며 오히려 더욱 빗나가기도 한다.

직장에서도 상사가 부하직원을 다른 동료와 비교하면서 질책하면 속으로 반발한다. 어린이든 어른이든 남과 비교하면 반발심 때문에 그 뒤에 하는 말은 귀에 들어오지 않는다. 그뿐 아니라 부모가 내세운 엄친아나 상사가 비교한 업무 능력이 뛰어난 동료에게 은근히 적대감을 갖게 된다.

결국 지나친 경쟁의식이나 비교는 대화를 망치고 아무런 성과도 얻지 못하게 만든다. 대화는 상대방을 존중하며 그의 존재 가치를 인정하는 데서 시작해야 한다.

유머감각을

기위라

고대 중국의 역사에는 경국지색이니 절세가인이니 하는, 나라를 뒤흔들 만큼 빼어난 미인들이 여러 명 등장한다. 그런 미녀 가운데 포사褒姒가 있다. 그녀의 이름은 정확히 알려지지 않았지만 포褒나라에서 태어나서 포사인 듯하다.

기원전 8세기경, 포나라 제후가 주나라 유왕幽王에게 큰 죄를 짓고 옥에 갇히게 됐다. 제후의 아들은 아버지를 구출하기 위해 유왕에게 용서를 빌며 절세미녀 포사를 바쳤다. 포사를 본 유왕은 그녀에게 완전히 빠져 왕후로 삼고 그녀 곁을 떠나지 않았다.

하지만 포사는 결코 웃는 일이 없었다. 유왕은 포나라 제후 아들의 간청에도 불구하고 포나라 백성을 모조리 죽이고 온 고을을 완전히 짓밟았다. 그런 혼란 속에서 포사의 가족들도 죽임을 당했다. 그에 대한 울분 때문인지 포사는 웃음을 완전히 잃어버린 것 같았다. 유왕은 어떡하든지 포사에게 웃음을 찾아주려고 온갖 노력을 다했지만 허사였다.

그러던 어느 날이었다. 궁녀들이 옷을 만들려고 비단을 찢는 소리를 듣고 포사가 웃음을 터뜨렸다. 유왕은 그 모습을 보고 너무 기뻐 궁녀들에게 매일 비단 100필씩을 찢으라고 했다. 당시 비단은 엄청나게 비싼 최고급 옷감이었다.

어느 날, 봉화烽火를 담당한 신하가 아무 일 없는데 실수로 봉화를 올렸다. 그러자 천자가 있는 주나라에 외적이 쳐들어온 줄 알고 주변의 제후국들이 모두 군대를 이끌고 달려왔다. 하지만 신하의 실수로 올린 거짓 봉화였다는 것을 알고 모두 화가 나고 허탈해서 불평을 늘어놓았는데, 포사가 그 모습을 보고 또 마구 웃어대는 것이었다.

유왕은 크게 기뻐하며 수시로 봉화를 올리게 했다. 그때마다 제후국들이 군대를 이끌고 달려왔으나 역시 거짓 봉화라는 사실을 알고 그다음부터는 봉화가 올라도 오지 않았다.

그런데 갑자기 변방의 오랑캐가 대규모 병력을 이끌고 주나라를 침입하자 다급하게 봉화를 올렸다. 하지만 이 또한 거짓이라고 여긴 제후들은 군대를 이끌고 오지 않았고, 결국 유왕은 오랑캐에게 살해되고 주나라는 멸망했다. 그 뒤 포사의 생사는 정확히 알려지지 않았지만 유왕이 포나라를 무너뜨리고 그녀의 가족까지 몰살한 것을 복수했다고 생각하는 사람들이 많았다.

어찌 보면 대화와 관련 없는 고대 중국의 미녀 이야기를 너무 길게 늘어놓아 의아할 것이다. 짐작하겠지만 요점은 웃음에 대한 이야기를 하려는 것이었다.

대화를 재미있게 이끌어갈 수 있는 요령과 기술 가운데 '유머'를 빼놓을 수는 없다. 유머의 핵심은 웃음이다. 갑자기 웃음이 터지게 하고, 소리 없이 웃게 하기도 하고, 때로는 불쾌하지 않게 상대방의 말문을 닫게 하는 것이 유머다.

별다른 목적 없이 가까운 친구나 동료들이 친목을 다지는 모임에서는 웃음소리가 끊이지 않는다. 서로 부담 없고 즐거운 분위기에서 온갖 농담과 과장과 장난스런 비난과 유머가 오가니까 웃음이 끊이지 않고 재미있는 것이다.

어떤 모임에서든 유머감각이 있는 사람은 좋은 분위기를 만들고 재미있게 해주니까 호감을 주고 환영을 받는다. 이처럼 유머감각은 자신을 돋보이게 하고 존재 가치를 인정받게 해주는 능력이라고 할 수 있다.

유머감각을 키우려면 먼저 '마음의 여유'를 갖는 노력부터 시작해야 한다. 마음의 여유를 가지려면 갖가지 스트레스와 갈등 따위를 적극적으로 해소해야 한다. 그러한 노력이 성과를 거두면 먼저 표정이 밝아진다. 밝은 표정, 항상 미소 띤 표정은 상대방에게도 안정감을 줄 뿐 아니라 긴장과 경계심을 풀게 한다.

대화를 할 때는 진지하고 심각한 이야기가 아니라면 웃는 얼굴로 이야기해야 분위기가 좋아진다. 웃는 얼굴은 대화에서 더없이 효과적인 전략이기도 하다. 또한 상대방의 말을 열심히 경청하되 너무 예민하게 반응하면 좋지 않다.

상대방의 말이 끝나기가 무섭게 반응하거나 말을 가로막

으며 반응하면 상대방은 불쾌하고 짜증이 날 뿐 아니라 말할 의욕을 잃어버린다. 상대방의 말이 끝나면 조금 느긋하게 한 번쯤 호흡을 가다듬고 여유 있게 하고 싶은 말을 꺼내야 한다.

그것이 마음의 여유다. 마음의 여유를 갖게 되면 상대방이 꺼낸 말을 좀 더 깊이 생각할 여유가 생긴다. 또한 그래야 유머감각도 활성화된다. 웃음과 여유가 유머를 만든다.

겸손·배려·양보가
없는 대화는
상처를 남긴다

대화는 상대방이 있는 상호 관계다. 대화에서 나와 상대
방 어느 쪽이 더 비중이 큰지 따지는 것은 의미가 없다. 하지
만 대화에도 갑과 을이 있을 수 있다. 대화의 성격에 따라 먼
저 대화를 위해 만남을 제의한 쪽과 그것을 받아들인 쪽이
있다. 이럴 경우에는 받아들인 쪽을 갑으로 봐야 대화가 원
만하다.

대화를 제의한 쪽이 나라면 만나자는 제의를 받아들인
상대방이 더 비중이 큰 갑이라고 할 수 있다는 이야기다. 그
렇지 않아도 대화의 주인공은 내가 아니라 상대방이어야 하

지만 은연중에 갑을 관계가 형성된다면 더욱 상대방의 입장을 고려해야 한다. 역시 '역지사지'가 중요한 것이다.

가까운 친구나 동료끼리 만나 친선과 친목을 다지는 자리는 별다른 부담이 없다. 그래서 상대방을 크게 의식하지 않고 저마다 자기 생각이나 주장을 마음껏 꺼내놓아도 별문제가 되지 않는다. 저마다 자기주장을 내세우니까 서로 공박도 하고 악의 없는 말다툼을 벌이기도 하지만, 그것도 즐거운 분위기를 만드는 하나의 재미가 될 수 있으며 헤어질 때는 서로 웃고 손을 흔든다.

그러나 반드시 그런 것은 아니다. 허물없는 친구와 동료가 만나 즐겁고 재미있게 대화하다가도 격렬하게 충돌하고 뜻하지 않게 끔찍한 일을 저지르는 경우가 적지 않다. 특히 두 사람이 술을 마시며 대화할 때 그런 일이 많다. 어떤 사안을 놓고 서로 자기주장을 굽히지 않고 끝까지 고집을 부리다가 시비가 붙고, 감정이 폭발해서 충동적으로 폭력을 휘두르거나 큰 사고를 내는 것이다. 단둘이 대화할 때 그런 충격적인 범죄 행위가 발생하는 것은 중재자가 없기 때문이다.

결국 친구나 동료나 선후배처럼 아주 가까운 사이의 두

사람이 순간적인 감정 폭발로 큰 피해를 입는 것은, 대화하는 과정에서 상대방에 대한 배려나 양보 없이 자기만 옳다는 그릇된 생각으로 끝까지 자기주장만 고집하는 데서 오는 비극적인 결과다.

아무런 부담 없이 서로 편하게 주고받을 수 있는 대화에서도 이런 예기치 못한 끔찍한 상황이 자주 벌어지는데, 하물며 분명한 목적이 있는 대화에서는 어떻겠는가. 목적이 있는 대화는 어느 한쪽이 상대방에게 원하는 것을 얻어내고자 대화를 제의하면서 이루어진다.

이를테면 거래를 성사시키기 위해, 급히 돈을 빌리기 위해, 보증을 부탁하기 위해 상대방에게 대화를 제의한 것이다. 사실 상대방이 그 목적을 알고 나오든 모르고 나오든, 대화 제의를 받아준 것만으로도 고마운 일이다.

내가 상대방의 도움을 청했다면 나는 을의 입장이 되어 갑의 위치에 있는 상대방에게 성의를 다하는 것이 마땅한 도리다. 상대방이 나와 가깝게 지내는 친밀한 사이라도 그런 자세로 대화에 임해야 하는데, 하물며 비즈니스 관계라든지 누군가의 소개나 추천으로 만나는 사람이라면 더욱 을의 자세가 되는 것이 목적을 성취하는 데 유리하다.

비굴하거나 지나치게 위축돼서는 안 되지만 최대한 겸손한 태도와 겸손한 말로 상대방을 존중하면서 나에게 필요한 내용을 조심스럽게 말하는 것이 순리에 맞는다. 물론 상대방이 하는 말도 진지하게 들어야 한다.

그런데 무조건 상대방을 설득해서 내가 원하는 것을 얻어내고야 말겠다는 일방적인 태도로 상대방을 몰아붙이는 경우가 자주 있다. 나와 상대방이 친밀한 사이일 때 더욱 그러하다. "야, 네가 나를 좀 도와줘야겠어.", "야, 네가 보증 좀 서줘야 돼.", "야, 넌 경제적 여유가 있잖아? 1000만 원만 빌려줘. 계좌번호 알려줄 테니까 내일까지 입금해줘." 하는 식으로 일방적으로 몰아붙이는 것이다.

게다가 상대방이 쉽게 대답을 못하거나 거절할 의사를 보이면 더욱 언성을 높여 다그치는 것이다. "야, 그 정도 부탁도 못 들어줘?", "딴소리하지 마. 지금 나를 못 믿는 거야?", "네가 내 부탁을 감히 거절할 수가 있냐?" 하며 다그치는 것은 내 입장만 생각하는 독선적인 태도다.

상대방의 현실적인 여건이나 환경이 내가 생각하는 것과 다를 수도 있으며 상대방에게 여러 가지 어려운 점이 있을 수도 있는 것이다. 더구나 거래를 위한 설득이나 협상에서 상대방에게 그런 독선적인 태도와 억지를 부리면 실패할 것이 뻔하다. 상대방이 가까운 사이든 거래 관계든 대화가 원만하지 못해 목적을 성취하지 못하면 다만 대화만 실패로 끝나는 것이 아니라, 상대방과의 사이가 서먹해지거나 교류가 단절되어 인간관계에 부정적 영향을 미치는 것은 물론 나와 상대방 모두에게 상처를 남기게 된다.

대화에서는 내가 아니라 상대방이 주인공이라는 인식을 가져야 나에게 유리하다. 항상 겸손한 태도로 상대방을 존중하고 배려하며, 서로 견해나 주장이 다를 때는 되도록 내가 먼저 양보하는 넉넉한 마음가짐이 있어야 만족스런 대화가 이루어진다. 아울러 그러한 타협적인 태도가 만족스럽지 못하더라도 내가 원하는 것을 얻게 해준다.

소통·공감·긍정이
없는 대화는
의미가 없다

지구상에 70억이 넘는 인구가 산다지만 이 세상의 주인공은 바로 나 자신이다. 세상이 어떻게 돌아가도 내 삶은 내가 중심이고, 나를 중심으로 세상을 바라본다. 나에게 일어나는 아주 사소한 일이 테러가 발생해서 수백 명이 처참하게 죽은 것보다 더 중요하다.

그러면 나는 어떻게 이 세상의 주인공 역할을 할까? 물어볼 필요도 없다. 말과 행동을 통해 내 생각을 표현하면 된다. 말은 내 입으로 내가 하지만 근본적으로 내가 아닌 다른 사람에게 하는 것이다. 그러니까 말은 상대방에게 내 생각을 전달하는 것이다.

동물들도 행동한다. 무리 지어 사는 동물들은 말을 못하더라도 일사불란하게 통일된 행동을 할 때가 있다. 먹잇감을 공격하거나 도망치거나 이동할 때 함께 통일된 행동을 한다. 물론 본능적으로 우두머리의 행동을 따르기도 하지만 동물들에게는 그들만이 통하는 신호가 있다.

말을 못해도 짖어대는 음성신호, 움직임으로 나타내는 동작신호 등이 있어서 통일된 행동을 할 수 있는 것이다. 동물들의 행동은 단순해서 그 신호가 몇 가지 안 되더라도 생존에 지장이 없을 만큼 충분히 통한다.

그러나 인간은 뛰어난 지능과 복잡하고 미묘한 숱한 감정을 지녔을 뿐 아니라 저마다 생각에 차이가 있어서 70억 인구수만큼이나 복잡하고 정밀하고 섬세하고 다양하다. 동물처럼 몇 가지 신호로는 도저히 그 생각을 표현할 수 없다.

그리하여 인간은 말을 창조했다. 말을 통해 아무리 복잡하고 미묘하더라도 큰 어려움 없이 상대방에게 생각과 감정을 표현하는 것이다. 상대방이 한 명이든 백 명이든 그것은 문제가 되지 않는다. 인간이 말을 할 수 있다는 것이야말로 큰 축복이 아닐 수 없다.

상대방과 서로 말을 주고받는 것이 대화다. 의도적이든 아니든, 대화의 형태가 어떠하든, 상대방에게 질문을 하든 대답을 기대하든 인간은 왜 생각과 감정을 상대방에게 표현하고 전달하는 것일까? 그 까닭은 분명하다. 서로 소통하기 위한 것이다.

나의 심리 상태, 원하는 것, 얻고 싶은 것, 알려주고 싶은 것을 상대방에게 표현함으로써 상대방의 긍정과 공감, 동의와 수용, 반대와 거부, 보다 나은 새로운 제안, 타협과 양보, 협조 등을 함께 성취하려는 것이다. 다시 말하면 그것이 곧 소통이다.

서로 소통이 이루어지지 않는다면 그 대화는 의미가 없다. 오히려 불신과 경계, 회피, 다툼, 싸움과 같은 갖가지 부작용과 후유증이 생길 뿐이다. 우리는 대화를 하다가 가끔 상대방이 정색하거나 발끈하며 "지금 무슨 말을 하는 거야?", "뭐? 그게 말이 돼?", "그걸 말이라고 하니? 말이 되는 소리를 해야지." 하는 반발을 경험할 때가 있다. 내가 말을 하고 있는데 상대방이 그게 말이 되냐, 말이 되는 소리를 하라고 딴지를 건다면 소통은 이루어지지 않고 불통의 상황이 되어버린다.

가까운 친구나 동료 또는 가족이나 친척 간에 대화를 할 때는 누군가가 꺼낸 말에 동의나 공감을 못해도 별문제가 없다. 실없는 농담도 주고받을 수 있다. 하지만 목적이 있는 대화, 진지한 대화에서는 사정이 다르다.

내가 한 말에 상대방이 말도 안 된다, 말이 되는 소리를 하라는 것은 대화를 할 가치가 없다는 각오로 거칠게 반발하는 것이다. 말하자면 소통을 포기하는 것이다. 대화의 과정에서 왜 이러한 상황이 일어날까?

이유는 간단하다. 상대방은 안중에도 없다는 듯이 지나치게 자기주장만 고집하며 억지를 부리거나, 터무니없고 이치에 맞지 않는 이야기를 하거나, 상대방을 무시하고 내 이야기만 하거나, 일방적으로 결정을 해버릴 때 그런 말이 나온다.

대화로써 소통이 되지 않으면 당연히 교감과 공감도 기대할 수 없다. 상대방의 공감을 이끌어내지 못하면 어떤 성과도 얻지 못한다. 그 때문에 원만한 대화, 만남의 성과가 있는 대화를 하려면 먼저 상대방을 존중하며 배려하고 상대방의 주장과 견해를 진지하게 듣고 파악해야 한다는 것을 거듭해서 강조하는 것이다.

내 생각이 타당하고 합리적이며 받아들일 만한 가치가 있을 때 상대방은 별다른 이의를 제기하지 않고 공감한다. 상대방이 공감해야 긍정적인 대화가 되며 대화의 성과와 효과를 얻을 수 있다. 어디까지나 대화의 주인공은 내가 아니라 상대방이라는 사실을 잊지 말아야 한다.

유대인들의 교훈서인 《탈무드》는 72권이나 되는 엄청난 분량의 책이다. 그 가운데 〈피르케이 아보트〉라는 책이 있다. '선조의 교훈'이라는 뜻이다. 이 책에 현명한 사람들이 대화하는 7가지 방법이 실려 있다.

- 자기보다 현명한 사람 앞에서는 이야기하지 않는다.
- 동료의 말을 가로막지 않는다.
- 성급하게 답하지 않는다.
- 주제에 맞게 질문하고 간결하게 답한다.
- 두서를 가려서 말한다.
- 제대로 듣지 못한 것은 이해하지 못했다고 말한다.
- 진실을 인정한다.